Simone Gutacker

Gesammelte Kasualansprachen

Simone Gutacker

Gesammelte Kasualansprachen

Taufen, Trauungen, Traueransprachen

Fromm Verlag

Impressum / Imprint
Bibliografische Information der Deutschen Nationalbibliothek: Die Deutsche Nationalbibliothek verzeichnet diese Publikation in der Deutschen Nationalbibliografie; detaillierte bibliografische Daten sind im Internet über http://dnb.d-nb.de abrufbar.

Bibliographic information published by the Deutsche Nationalbibliothek: The Deutsche Nationalbibliothek lists this publication in the Deutsche Nationalbibliografie; detailed bibliographic data are available in the Internet at http://dnb.d-nb.de.

Verlag / Publisher:
Fromm Verlag
ist ein Imprint der / is a trademark of
OmniScriptum GmbH & Co. KG
Heinrich-Böcking-Str. 6-8, 66121 Saarbrücken, Deutschland / Germany
Email: info@frommverlag.de

Herstellung: siehe letzte Seite /
Printed at: see last page
ISBN: 978-3-8416-0445-3

Inhaltsverzeichnis:

III. Traueransprachen:

IV. Diverses:

I. Taufen:

(1)1. Korintherbrief 13,8a[1]

Liebe Familie L.!

Heute soll hier ihr jüngster Sohn E. getauft werden; - Du, P., bist es ja bereits. Zu diesem Anlass, haben Sie, aus vielen zur Auswahl stehenden Texten und nach längerer Überlegung, einen Vers ausgesucht, den Sie E. als Taufspruch mit auf seinen Lebensweg geben möchten. Er kann gleichfalls als Motto über E.s Leben stehen, ihn an seine Taufe erinnern, ihm Trost spenden und Mut zusprechen, ihm die Hoffnung geben darauf, dass dieser, „sein" Spruch Gültigkeit besitzt, sein Leben lang. So heißt es im ersten Brief an die Korinther, Kapitel 13, Vers 8a:

Die Liebe hört niemals auf [...].[2]

Liebe Familienangehörige, liebe Paten, liebe Gemeinde!

Die Liebe hört niemals auf. Ein schöner, ein verheißungsvoller Satz. So schlicht, einfach und leicht wird uns hier zugesagt, was wir uns selbst nur selten und sehr schwer selbst zuzusprechen vermögen. Ein Satz, der über uns allen als Lebensmotto stehen sollte: Die Liebe hört niemals auf. Viele von Ihnen mögen jetzt denken: Wo in der Bibel finde ich denn einen solchen schönen und einfachen Satz, einen, der mir runtergeht wie Öl, der mir passt und zuträglich ist? Mehr davon! Nun, er steht im „Hohenlied der Liebe" (1. Kor. 13). Einem Lied, das sich traut, die Liebe zu besingen und zu beschrei-

[1] (21.7.2002)
[2] Lutherbibel, revidierter Text 1984, durchgesehene Ausgabe, © 1999 Deutsche Bibelgesellschaft, Stuttgart.

ben, ohne die das Leben nicht lebenswert wäre, ohne die es leer, unvollständig und sinnlos bliebe. Diese Liebe, so spricht der Text es uns zu, wird niemals vergehen, oder, wie es im griechischen Urtext heißt, sie wird niemals fallen, niemals hinfällig werden. Dieser Zuspruch: „Die Liebe hört niemals auf." soll heute ganz besonders, Dir, E., gelten: Möge die Liebe, wie es 1. Korinther 13,8 verheißen ist, niemals in Deinem Leben hinfällig werden. Gottes Liebe ist Dir zugesagt. Gott wird in seiner Liebe mit Dir sein: Lebenslang und darüber hinaus. Du bist Gottes geliebtes Kind und als solches zu der Liebe befreit, die niemals vergehen wird.

Amen.

(2)1. Johannes 3,18[3]

Liebe Tauf-Familie!

Die Taufe eures Sohnes, von Dir – B., liegt nun schon 2 ½ Jahre zurück. Sie fand ebenfalls hier in dieser Kirche, in dieser Gemeinde statt. Hier soll nun heute auch eure Tochter J. getauft werden. Sie, Frau R., sagten mir im Taufgespräch, Ihnen sei wichtig, dass J. „von allen gut aufgenommen" werde und die Taufe geschehe, damit J. „in die Gemeinde aufgenommen" ist. Das Bedürfnis aufgenommen zu werden, aufgenommen zu sein ist uns allen zu eigen. Jeder Mensch braucht das Gefühl, angenommen und geliebt zu sein. Wir alle sehnen uns nach einem Ort, an dem wir spüren dürfen, dass wir auf- und angenommen sind. Die Gemeinde kann ein solcher Ort sein. Der Taufspruch, den Sie beide Ihrer Tochter mit auf ihren Lebensweg geben wollen, drückt dies folgendermaßen aus – so heißt es im ersten Johannesbrief, in Kapitel 3, Vers 18:

[3] (15.5.2005)

Meine Kinder, lasst uns nicht lieben mit Worten noch mit der Zunge; sondern mit der Tat und mit der Wahrheit.[4]

Hier soll Liebe nicht nur ein Lippenbekenntnis sein, nicht nur ein leeres Gerede, Liebe soll sich ereignen, und zwar handfest und konkret, in Tat und Wahrheit. Wir alle können und sollen dazu beitragen, dass nicht nur von Liebe die Rede ist, sondern dass sie sich erweist, zwischen uns, untereinander. J. soll heute in der Taufe in die Gemeinde aufgenommen werden, dazu bitte ich Sie, liebe Gemeinde, dieses Kind und seine Familie, in Ihre Mitte aufzunehmen und anzunehmen. Kleine J., Gott spricht in der Taufe sein „Ja" zu dir. Er nimmt dich an, so wie du bist. Bei ihm bist du aufgenommen und geliebt. Die Taufe sei eine Tat der Liebe Gottes an dir. Und heute, an Pfingsten, wo wir gemeinsam die Ankunft des Heiligen Geistes feiern, möge der Geist der Wahrheit über dich kommen und dich reichlich segnen.

Amen.

(3) Sprüche 4,23[5]

Liebe Frau S., lieber M., liebe Angehörigen.

Sie, Frau S., haben für M. einen Taufspruch ausgesucht. Er ist kurz und prägnant, und doch voller Lebenskenntnis und Weisheit. Er steht in den Sprüchen, Kapitel 4, Vers 23 und lautet [im Luthertext]:

Behüte dein Herz mit allem Fleiß, denn daraus quillt das Leben.[6]

---

[4] Lutherbibel, revidierter Text 1984, durchgesehene Ausgabe, © 1999 Deutsche Bibelgesellschaft, Stuttgart.
[5] (29.5.2005)

bzw. [in der Einheitsübersetzung]:

Mehr als alles hüte dein Herz; denn von ihm geht das Leben aus.[7]

So lautete bereits zu alttestamentlichen Zeiten ein wohlgemeinter elterlicher Rat an den Nachgeborenen. Und eben diese Weisheit wollen Sie, Frau S., ihrem Sohn mit auf seinen Lebensweg geben. Ihr „kleiner Sonnenschein" lacht und strahlt, so wie es sich für die Sonne gehört, uns allen zu scheinen. Ebenso gehört es zum Herzen, dass daraus das Leben quellen soll, dass vom Herzen das Leben ausgeht. Wenn die Quelle unseres Herzens nicht mehr quillt, sind wir bereits vertrocknet. Darum legt uns dieser weisheitliche Rat es nahe, genau diese Lebensquelle zu behüten und zu bewahren. Sie, Frau S., wollen, dass ihr Sohn religiös erzogen wird. Ich denke, die religiöse Erziehung beginnt genau da, in der Mitte des Lebens, im Herzen eines jeden. Im Herzen, im Inneren, sitzt unsere Lebenskraft. Mögest du, kleiner M., diese Weisheit beherzigen. Mögen dich die Worte deines Taufspruchs stets daran erinnern.

Amen.

(4) Psalm 91,11f.[8]

Liebe Tauffamilie, liebe Frau K., lieber Herr W.

---

[6] Lutherbibel, revidierter Text 1984, durchgesehene Ausgabe, © 1999 Deutsche Bibelgesellschaft, Stuttgart.
[7] Einheitsübersetzung der Heiligen Schrift
© 1980 Katholische Bibelanstalt, Stuttgart.
[8] (31.7.2005)

Sie haben sich nach langer Überlegung dazu entschlossen, heute ihre gemeinsame Tochter N. taufen zu lassen. An diesem freudigen Ereignis wollen Sie Ihre gesamte Familie teilnehmen lassen. Alle sollen dabei sein, dieses Familienfest freudig zu feiern. Auch die Gemeinde soll Anteil nehmen. Und so findet die Taufe von N. K. heute hier, im G., im Kreise aller hier anwesenden Gemeindeglieder mitten im Gottesdienst statt. Ihrer Tochter wünschen Sie Glück, Gesundheit und ein Leben in Geborgenheit. Unter diesem Motto steht auch der Taufvers, den Sie N. mit auf Ihren Lebensweg geben wollen. Ihnen, Frau K., ist er als allererstes direkt ins Auge gesprungen. Er steht im Buch der Psalmen, Kapitel 91, die Verse 11 und 12. Ich lese ihn für alle einmal vor:

Denn er [Gott] hat seinen Engeln befohlen, dass sie dich behüten auf allen deinen Wegen, dass sie dich auf den Händen tragen und du deinen Fuß nicht an einen Stein stoßest.[9]

In der Taufe vertrauen Sie Ihr Kind Gott an. Und dieser Vers bringt eben dies Gottvertrauen treffend zum Ausdruck. Sie müssen nicht in Ängsten und Sorgen um Ihr Kind vergehen, sondern dürfen getrost sein, dass Gott seine schützende Hand auch über N. hält und seine Engel eure Tochter zu behüten beauftragt sind. Dieses Vertrauen auf Gott bitte ich Sie nun, mit den Worten des christlichen Glaubensbekenntnisses gemeinsam mit mir auszusprechen. So bekennen wir gemeinsam... .

(5) 1. Johannes 4,16b / Psalm 91,11 / 1. Samuel 16,7c / Deuteronomium 4,31a / 1. Korinther 13,7 / [1. Thessalonicher 5,5a / Jesaja 61,1a /] Matthäus 5,9 / Epheser 2,14a[10]

[9] Lutherbibel, revidierter Text 1984, durchgesehene Ausgabe, © 1999 Deutsche Bibelgesellschaft, Stuttgart.
[10] (26.3.2006)

Der Wochenspruch für diese Woche steht im Johannesevangelium, Kapitel 12, Vers 24 und lautet:

Wahrlich, wahrlich, ich sage euch: Wenn das Weizenkorn nicht in die Erde fällt und erstirbt, bleibt es allein; wenn es aber erstirbt, bringt es viel Frucht.[11]

Gnade sei mit uns und Friede von Gott unserm Vater und unserm Herrn Jesus Christus. Amen.

Liebe J., liebe A., liebe L., [liebe C., lieber K.], lieber T., liebe J., liebe J., lieber M. Liebe Paten und Patinnen, liebe Eltern, liebe Angehörige, liebe Gemeinde.

In der Taufkatechese haben wir miteinander besprochen, was es mit der Taufe auf sich hat. Im Prinzip ist es wie mit dem Weizenkorn: Es muss in die Erde fallen und sterben. Es muss sich hingeben. Erst dann kann es viel Frucht bringen. Ein Weizenkorn, das bleiben möchte, was es ist, nämlich ein einzelnes Weizenkorn, das bleibt einsam und allein. Es ist, wie mit der liturgischen Farbe rosa (als einem Gemisch aus lila und weiß) heute: Die Farbe lila steht für Leiden, Passion und die Hinführung auf das Sterben Christi, in der Farbe weiß jedoch strahlt schon das Osterlicht ins Dunkel hinein, leuchtet uns bereits die Hoffnung auf Auferstehung entgegen. Es ist, wie mit dem Text aus dem Römerbrief, den wir eben hören durften (Römer 6,3-11): In der Taufe sind und werden wir in Jesu Tod hineingetauft, hineingetaucht. Doch genauso, wie wir uns in der Taufe mit Christi Tod verbinden lassen, so haben wir auch Anteil an der Auferstehung! Es ist wie mit der Geschichte von Jona, die ihr nachgespielt habt: „Jona kommt unversehrt aus dem Fischmaul heraus. Trotz, Ungehorsam, Angst, alles bleibt im dunklen Wasser zurück. Wie neu-

[11] Lutherbibel, revidierter Text 1984, durchgesehene Ausgabe, © 1999 Deutsche Bibelgesellschaft, Stuttgart.

geboren steigt Jona aus dem Wasser ans helle Tageslicht. Er faltet seine Hände und dankt Gott.“ Es ist, wie es im 1. Korintherbrief lautet, aus dem wir uns eben erinnern lassen konnten (1. Korinther 12,12-27): Wir alle sind in der Taufe durch den selben Geist in den Leib Christi eingegliedert. Wir alle sind in der Taufe mit dem selben Geist erfüllt worden. So unterschiedlich wir auch sein mögen, durch die Taufe gehören wir alle zusammen zu einer großen Tauffamilie, zu einem Leib. Es ist, wie in der Taufe Jesu, in der eine Stimme vom Himmel spricht (z.B. Markus 1,11):

Und da geschah eine Stimme vom Himmel: Du bist mein lieber Sohn, an dir habe ich Wohlgefallen.[12]

In der Taufe gebt ihr euch Gott hin, ihr übergebt quasi euer Leben an Gott. Und als Motto über euer „neues“ Leben, habt ihr euch alle jeweils einen eigenen Taufspruch gewählt. Vor der Taufhandlung gleich, werdet ihr euren Taufspruch selbst noch einmal aussprechen. Doch nun möchte ich euch und allen hier Anwesenden euren jeweiligen Taufspruch noch einmal in Erinnerung rufen:

J. B. Du hast dir einen Vers gewählt, der in seiner Schlichtheit doch das Wesentliche der göttlichen Liebe zusammenzufassen vermag. Im ersten Johannesbrief heißt es in Kapitel 4, Vers 16b:

Gott ist die Liebe; und wer in der Liebe bleibt, der bleibt in Gott und Gott in ihm.[13]

---

[12] Lutherbibel, revidierter Text 1984, durchgesehene Ausgabe, © 1999 Deutsche Bibelgesellschaft, Stuttgart.
[13] Lutherbibel, revidierter Text 1984, durchgesehene Ausgabe, © 1999 Deutsche Bibelgesellschaft, Stuttgart.

A. B. Dir ist wichtig, von Gottes guten Engeln beschützt und behütet zu sein. So heißt es in Psalm 91, Vers 11:

Denn er [Gott, der Herr] hat seinen Engeln befohlen, dass sie dich behüten auf allen deinen Wegen [...].[14]

L. K. F. Dir kommt es auf das Herz an. Dein Spruch steht im ersten Buch Samuel, Kapitel 16, Vers 7c:

Ein Mensch sieht, was vor Augen ist; der HERR aber sieht das Herz an.[15]

T. R. Dir ist wichtig, dass du auf Gott zählen, mit Gott rechnen kannst. Dein Spruch steht im fünften Buch Mose, Kapitel 4, Vers 31a und lautet:

Denn der HERR, dein Gott, ist ein barmherziger Gott; er wird dich nicht verlassen noch verderben [...].[16]

J. S. Dein Spruch drückt die große Hingabe und das Zutrauen aus, zu der allein die Liebe fähig ist. Im ersten Korintherbrief heißt es dazu in Kapitel 13, Vers 7:

Sie [die Liebe] erträgt alles, sie glaubt alles, sie hofft alles, sie duldet alles.[17]

---

[14] Lutherbibel, revidierter Text 1984, durchgesehene Ausgabe, © 1999 Deutsche Bibelgesellschaft, Stuttgart.
[15] Lutherbibel, revidierter Text 1984, durchgesehene Ausgabe, © 1999 Deutsche Bibelgesellschaft, Stuttgart.
[16] Lutherbibel, revidierter Text 1984, durchgesehene Ausgabe, © 1999 Deutsche Bibelgesellschaft, Stuttgart.
[17] Lutherbibel, revidierter Text 1984, durchgesehene Ausgabe, © 1999 Deutsche Bibelgesellschaft, Stuttgart.

[C. S. Für dich suchten deine Eltern, aber auch dein Bruder einen Vers aus, der vor Licht und Leichtigkeit nur so sprüht. Im ersten Thessalonicherbrief, Kapitel 5, Vers 5a lautet es:

Denn ihr alle seid Kinder des Lichtes und Kinder des Tages.[18]

K. S. Dein Spruch aus dem Buch Jesaja, Kapitel 61, Vers 1a formuliert genau das, was dir in der Taufe zugesagt wird:

Der Geist Gottes des HERRN ist auf mir, weil der HERR mich gesalbt hat.]

J. W. Dir ist besonders die friedfertige Gotteskindschaft wichtig geworden, sodass dein Taufspruch aus dem Matthäusevangelium, Kapitel 5, Vers 9 lautet:

Selig sind die Friedfertigen; denn sie werden Gottes Kinder heißen.[19]

M. W. Auch dir liegt, wie deiner Schwester, der Friede besonders am Herzen. Dein Taufvers bringt deutlich zum Ausdruck, dass Christus uns alle zu vereinen vermag. Im Brief an die Epheser, Kapitel 2, Vers 14a heißt es:

Denn er [Christus Jesus] ist unser Friede, der aus beiden [resp. zweien] eines gemacht hat [...].[20]

So lasst uns nun miteinander das Fest der heiligen Taufe feiern!

---

[18] Lutherbibel, revidierter Text 1984, durchgesehene Ausgabe, © 1999 Deutsche Bibelgesellschaft, Stuttgart.

[19] Lutherbibel, revidierter Text 1984, durchgesehene Ausgabe, © 1999 Deutsche Bibelgesellschaft, Stuttgart.

[20] Lutherbibel, revidierter Text 1984, durchgesehene Ausgabe, © 1999 Deutsche Bibelgesellschaft, Stuttgart.

Und der Friede Gottes, der höher ist als all´ unsere menschliche Vernunft, der bewahre unsere Herzen und Sinne in Christus Jesus. Amen.

(6) Psalm 91,11 / Matthäus 7,12 / Psalm 91,11 / 1. Thessalonicher 5,5a / Jesaja 61,1a[21]

Liebe Familien W., M., O. und S.

Sie haben sich entschlossen, ihr/e Kind/er heute am Ostermontag hier in dieser Gemeinde taufen zu lassen. Die Taufe gehört zu Ostern, Taufe und Ostern gehören zusammen. Die christliche Kirche tauft in Jesu Tod hinein – wir denken an Jesu Tod am Kreuz an Karfreitag, vor allem aber geschieht die Taufe in Jesu Auferstehung und Leben hinein – wir erinnern uns an die Botschaft der Auferweckung Jesu von den Toten an Ostern. Seit dem Bestehen der Kirche ist der Ostergottesdienst der klassische Zeitpunkt für die christliche Taufe gewesen. Und so wollen auch Sie, dass L.-M., P.-K., A., C. und K. heute in diesem Gottesdienst am Ostermontag das Geschenk der Taufe empfangen. Ja, die Taufe ist ein Geschenk, doch beinhaltet sie zugleich eine Verpflichtung. Gott spricht in der Taufe sein bedingungsloses „Ja" zu uns, er nimmt uns an, wie wir sind, wir dürfen ihm ganz gehören. Doch diese Zugehörigkeit verlangt auch Gehorsam. Wir gehören zu Gott, hören ihn an, gehören ihm und sollen ihm gehorchen. Und auf dieses Ja Gottes sollen wir eine Antwort finden: wir können Ja sagen zu Gott und ihm Gehör und Gehorsam schenken, es ist uns aber auch freigestellt, unser Nein zu formulieren, uns abzuwenden und zu verweigern. Gott jedoch möchte unser ganzes Ja, er wartet darauf. Und egal, wie unsere Antwort auch lauten mag, wie ihr Täuflinge eure Antwort je formulieren werdet, Gott hat uns sein unbedingtes Ja bereits zugesprochen, Gott wird euch sein unabdingbares Ja zusprechen.

---

[21] (17.4.2006)

Liebe Patinnen und Paten.

Sie übernehmen heute die verantwortungsvolle Aufgabe, die Ihnen anvertrauten Täuflinge zu begleiten auf ihrem Weg und sie hinzuführen zu einem Leben mit Gott, zu einem Ja zu Gott. Möge Gott Sie zu dieser ehrenvollen Verantwortung stärken und geleiten. Der Wochenspruch für heute steht im Buch der Offenbarung Kapitel 1, Vers 18 und lautete: Christus spricht: [...]

Ich war tot, und siehe, ich bin lebendig von Ewigkeit zu Ewigkeit und habe die Schlüssel des Todes und der Hölle.[22]

Dies ist, in einem Vers zusammengefasst nicht nur die Botschaft von Ostern, sondern auch die Kernaussage für die österliche Taufe: Christus, der gestorben war, ist auferstanden, er lebt von Ewigkeit zu Ewigkeit, Tod und Hölle haben keine Gewalt über ihn, er hat sie ein für allemal besiegt. Diese christliche Hoffnung auf den Sieg des Lebens über den Tod, den Sieg Christi über die Vernichtung aller höllischen Qualen und Ängste soll auch über der heutigen Taufe stehen. Ähnlich hörten wir eben haben im Taufbefehl (Matthäus 28,18):

Und Jesus trat herzu und sprach zu ihnen: Mir ist gegeben alle Gewalt im Himmel und auf Erden.[23]

Diese Macht Christi umfasst Himmel und Erde, übergreift Hölle und Tod. Das ist die österliche Zusage, die uns unbedingt gilt. Der Taufbefehl umfasst diese

---

[22] Lutherbibel, revidierter Text 1984, durchgesehene Ausgabe, © 1999 Deutsche Bibelgesellschaft, Stuttgart.
[23] Lutherbibel, revidierter Text 1984, durchgesehene Ausgabe, © 1999 Deutsche Bibelgesellschaft, Stuttgart.

bedingungslose Zusage, formuliert den eigentlichen Auftrag, der da heißt (Matthäus 28,19a):

Darum gehet hin und machet zu Jüngern alle Völker: Taufet sie auf den Namen des Vaters und des Sohnes und des Heiligen Geistes und lehret sie halten alles, was ich euch befohlen habe. [...][24]

Der Auftrag beinhaltet das Hingehen, das Zu-Jüngern-Machen, das Taufen und das Halten-Lehren aller christlichen „Befehle". Und schließlich ist der Taufbefehl erneut in eine Zusage Christi eingebettet, die verheißt (Matthäus 28,20b):

Und siehe, ich bin bei euch alle Tage bis an der Welt Ende.[25]

Christus verheißt uns seine Gegenwart, die sich weder zeitlich noch räumlich eingrenzen lässt. Christus, der Allgewaltige begleitet uns und läßt uns nicht allein. Diese Zusage gilt uns allen, ganz besonders euch, den Tauffamilien und Täuflingen, insbesondere am heutigen Ostermontag, an dem wir die Auferstehung Christi von den Toten feiern und den Sieg des Lebens über den Tod.
Amen.

Schließlich verlese ich noch die Taufsprüche, die Sie als Tauf- und Lebens-Motto für Ihre Kinder und Patenkinder ausgesucht haben, bzw. du, K., in der Taufkatechese des Glaubenskurses für dich und deine Schwester C. Der Spruch für die dreijährige P.-K. M. steht im Evangelium nach Matthäus (Kapitel 7, Vers 12) und lautet:

---

[24] Lutherbibel, revidierter Text 1984, durchgesehene Ausgabe, © 1999 Deutsche Bibelgesellschaft, Stuttgart.
[25] Lutherbibel, revidierter Text 1984, durchgesehene Ausgabe, © 1999 Deutsche Bibelgesellschaft, Stuttgart.

Alles nun, was ihr wollt, dass euch die Leute tun sollen, das tut ihnen auch! Das ist das Gesetz und die Propheten.[26]

Der Taufspruch, sowohl für die einvierteljährige L.-M. W. als auch für den einhalbjährigen A. O. findet sich im Buch der Psalmen (Kapitel 91, Vers 11), in dem es heißt:

Denn er [Gott] hat seinen Engeln befohlen, dass sie dich behüten auf allen deinen Wegen, [...].[27]

Der Taufspruch für die zweieinhalbjährige C. S. aus dem ersten Brief an die Thessalonicher (Kapitel 5, Vers 5a) verheißt:

Denn ihr alle seid Kinder des Lichtes und Kinder des Tages.[28]

Und schließlich der Taufspruch des achtjährigen K. S. aus dem Buch Jesaja (Kapitel 61, Vers 1a), den du dir, K., selbst ausgewählt hast:

Der Geist Gottes des HERR ist auf mir, weil der HERR mich gesalbt hat.[29]

Amen!

(7)1. Korinther 13,8a[30]

---

[26] Lutherbibel, revidierter Text 1984, durchgesehene Ausgabe, © 1999 Deutsche Bibelgesellschaft, Stuttgart.
[27] Lutherbibel, revidierter Text 1984, durchgesehene Ausgabe, © 1999 Deutsche Bibelgesellschaft, Stuttgart.
[28] Lutherbibel, revidierter Text 1984, durchgesehene Ausgabe, © 1999 Deutsche Bibelgesellschaft, Stuttgart.
[29] Lutherbibel, revidierter Text 1984, durchgesehene Ausgabe, © 1999 Deutsche Bibelgesellschaft, Stuttgart.

Friede sei mit euch und Gnade von Gott unserem Vater und unserem Herrn Jesus Christus. Amen.

Liebe Familie K., liebe L.!

Heute – an ihrem zweiten Geburtstag – soll nun endlich L.´s Taufe stattfinden. Dazu sind Sie hier alle versammelt, teilweise sogar von Ferne angereist, sogar aus dem „Ausland“, aus der Schweiz. Sie erzählten mir voller Begeisterung, wie sehr L. imstande ist, „alle umliegenden Herzen im Sturm zu erobern“! Wo L. auftaucht, egal ob im Kindergarten, auf dem Reiterhof oder in der eigenen Familie, da „geht die Sonne auf“, da strahlt sie alle an und bringt sie zum Strahlen. Darum ist Ihnen als erstes folgender biblischer Spruch zu L. eingefallen, der nun auch zu L.´s Taufspruch werden wird (1. Korinther 13,8a):

Die Liebe hört niemals auf [...].[31]

Dieser Vers stammt aus dem so genannten „Hohelied der Liebe“ im ersten Brief des Apostels Paulus an die Gemeinde in Korinth. Dieses Hohelied beschreibt, dass die Liebe die größte aller Gaben Gottes ist. Ein gutes menschliches Miteinander ohne die Liebe ist für Paulus unvorstellbar gewesen. Im Gegensatz zu den anderen Gaben Gottes ist die Liebe von endloser Dauer. Viele Menschen empfinden auch heute noch den Wunsch, die Liebe möge doch niemals aufhören. Gerade in der Beziehung zwischen Eltern und Kindern gibt es immer wieder Phasen, in denen die Liebe auf eine harte Probe gestellt wird. (Zum Beispiel durch regelmäßigen Entzug des nächtlichen Erholungsschlafes!) Dann kann es immer wieder ein schöner Zuspruch sein,

---

[30] (22.4.2007)

[31] Lutherbibel, revidierter Text 1984, durchgesehene Ausgabe, © 1999 Deutsche Bibelgesellschaft, Stuttgart.

sich diesen Satz zu vergegenwärtigen: „Die Liebe hört niemals auf!“ Selbst wenn es zwischendurch mal schwierig erscheint: Die Liebe selbst, als wichtigstes Geschenk Gottes ist gültig und wird auf ewig bestehen bleiben!

Und der Friede Gottes, der höher ist als all´ unsere menschliche Vernunft, bewahre unsere Herzen und Sinne in Christus Jesus. Amen!

(8) Psalm 139,23f.[32]

[32] (17.6.2007)

Liebe Familie W., liebe Angehörigen,

heute soll nun der kleine L. getauft werden. Vier Monate ist er nun alt. (F. war fast ein Jahr alt, als er getauft wurde. Doch bei L. geht alles „etwas zügiger".) Sogar die Oma aus S. kann heute dabei sein. (Ihretwegen findet die Taufe auch so „holterdipolter" statt.) Seit vier Monaten leben Sie nun in einer „Vierer-Familie" (im R. x „auf dem H.-B."). Vor allem für F. war die Umstellung gewaltig. Nun muss er lernen, die Aufmerksamkeit seiner Eltern mit dem kleinen L. zu teilen. Dies ist nicht immer ganz einfach. Auch für Sie beide hat sich nun einiges geändert. Alles, was sich mit und bei F. schon gut „eingespielt" hatte, muss nun noch einmal auf´s Neue erprobt werden: vom nächtlichen Durchschlafen über das Füttern der Beikost, bis hin zum Sitzen-, Stehen-, Krabbeln- und Laufenlernen. In all´ dem stehen sie aber nicht alleine da (auch, wenn es sich manchmal so anfühlen sollte). Zwei Paten sind Ihnen zur Seite gestellt: I. Z. und G. K. (jeweils aus Ihrer unmittelbaren Nachbarschaft). Und um Gottes Beistand wollen Sie heute in der Taufe noch einmal bitten bzw. sich dessen erneut vergewissern lassen. Daher lautet der Taufspruch aus dem Buch der Psalmen (Psalm 139,23f.):

Erforsche mich, Gott, und erkenne mein Herz; prüfe mich und erkenne, wie ich´s meine. Und sieh, ob ich auf bösem Wege bin, und leite mich auf ewigem Wege.[33]

Eine sehr schöne Bitte, die Sie beide noch stellvertretend für L. beten können. Eines Tages wird sich dieser Taufspruch hoffentlich auch für L. erschließen. Vielleicht wird er dann seine Taufkerze anzünden und dieser Bitte eingedenk sein. Diese innige Bitte an Gott kann keinem von uns schaden, sei er auch noch so alt und lebenserfahren. Gott allein kann unser Herz erkennen,

[33] Lutherbibel, revidierter Text 1984, durchgesehene Ausgabe, © 1999 Deutsche Bibelgesellschaft, Stuttgart.

die Absicht, die wir sogar vor uns selbst zu verbergen imstande sind. Gott kann uns ein reines Herz schenken und uns vom falschen Weg abbringen, zurechtrücken und auf den bzw. dem Weg der Ewigkeit, des erfüllten Lebens leiten. Gott möchte nicht, dass auch nur einer von uns sein Leben verfehlt und in die Irre läuft. Täglich dürfen wir uns neu an ihn wenden und uns durch ihn „neu ausrichten" und orientieren lassen. Möge L. mit reinem Herzen und Sinn unter Gottes Geleit auf ewigem Wege wandeln.

Und der Friede Gottes, der höher ist, als all´ unsere menschliche Vernunft, bewahre unsere Herzen und Sinne in Christus Jesus. Amen.

(9) Sprüche 16,9 / Apostelgeschichte 5,29b[34]

[34] (1.7.2007)

Liebe Familie W., liebe Angehörigen.

Beim Nachdenken über einen möglichen Taufvers, kam Ihnen spontan ein Spruch in den Sinn, der Sie schon einmal ermutigend zu unterstützen vermochte. In der Mutter-Kind-Kur wurden Sie begrüßt mit dem Vers: „Auch der längste Weg beginnt mit dem ersten Schritt." Dieses Motto kann gleichsam auch über der Taufe stehen, denn auch mit ihr beginnt, gleichsam mit einem ersten Schritt, ein langer Weg, der beschritten werden will. Gott hat Ihnen Ihr Kind anvertraut, sagt Ja zu ihm, so wie es ist. Sie dürfen es als Geschenk aus Gottes Hand annehmen, wissen es aber unter Gottes Schutz und Geleit. Um eines Menschen Schritt auf seinem Weg geht es nun auch in F.s Taufspruch. Er steht im Buch der Sprüche (Proverbien 16,9) und lautet:

Des Menschen Herz erdenkt sich seinen Weg; aber der HERR allein lenkt seinen Schritt.[35]

Wir alle haben unsere eigenen Vorstellung von dem, wie unsere Zukunft aussehen könnte, wie wir leben wollen, wie wir uns „verwirklichen" sollten, was in die Tat umzusetzen sei. Doch wie unser Weg dann schluss-endlich tatsächlich verläuft, liegt nicht mehr nur an unserem Denken. Der Herr allein lenkt den Schritt! Auf diese Lenkung Gottes dürfen wir vertrauen. Sie ist uns zugesagt. Wenn wir die Lenkung auch nicht immer unmittelbar erkennen können, sie unter Umständen sogar ganz anders aussieht, als wir es uns erhoffen, so können wir uns doch getrost auf sie verlassen. Diese Gelassenheit, die F. ja ohnehin schon (inmitten des Tumultes seiner älteren Brüder M. und N.) ausstrahlt, sei ihm auch fernerhin zu wünschen!

Liebe Familie L., liebe Angehörige.

---

[35] Lutherbibel, revidierter Text 1984, durchgesehene Ausgabe, © 1999 Deutsche Bibelgesellschaft, Stuttgart.

Sie haben, nach reiflicher Überlegung, für J. einen Taufspruch ausgesucht, der „für sich selber spricht“. In der Apostelgeschichte heißt es (Apostelgeschichte 5,29b):

Man muss Gott mehr gehorchen als den Menschen.[36]

Oft gelangen wir auf unserem Lebensweg an Weg-Gabelungen, an denen wir uns die Frage gefallen lassen müssen, wie es nun weiter geht. Manches Mal wird die Frage laut, wem zu „folgen“ wir verpflichtet sind, welche Stimme unser Gehör verdient, wem zu gehorchen wir uns bereit erklären. In solchen Krisen-Zeiten dürfen wir uns durch die Gewissens-Aussage des Petrus ermutigen lassen, der dem gesamten Hohen Rat entgegentrat und sein Handeln verantwortete mit eben jener Aussage: „Man muss Gott mehr gehorchen als den Menschen.“ Dieser Satz ging den Ratsmitgliedern mitten „durch´s Herz“, wie es in der Bibel heißt. Mit diesem Satz wird jegliche menschlich begründete Autorität in Frage gestellt. Mit dieser Aussage kommt die Hoheit Gottes bekenntnisartig zum Ausdruck. Möge in J. die Weisheit und der Mut heranreifen, die Hoheit Gottes zu bekennen. Möge sie sich trösten und leiten lassen durch den Vers, den Sie, ihre Eltern für sie ausgesucht haben: „Man muss Gott mehr gehorchen als den Menschen.“

Und der Friede Gottes, der höher ist als all´ unsere menschliche Vernunft, bewahre unsere Herzen und Sinne in Christus Jesus. Amen.

---

[36] Lutherbibel, revidierter Text 1984, durchgesehene Ausgabe, © 1999 Deutsche Bibelgesellschaft, Stuttgart.

II. Trauungen:

(1) Prediger 3,1-8[37]

Liebe U., lieber M.

Eure „achtjährige Probezeit“ habt ihr nun hinter euch. Acht Jahre lang kennt ihr euch nun schon, fast so lange lebt ihr nun auch schon miteinander. Nun „traut ihr euch“, wie ihr es selbst in eurer Einladung zum Polterabend formuliert habt. Ihr traut euch, das heißt, ihr habt Mut, den nächsten Schritt zu wagen. Sich trauen hat auch mit Vertrauen zu tun: Ihr wollt einander vertrauen, euch einander anvertrauen. Heute soll hier in diesem Gottesdienst eure kirchliche Trauung gefeiert werden. Ihr vertraut euch damit auch dieser Gemeinde an, und, noch viel wesentlicher und wichtiger, ihr wollt euch miteinander auch Gott anvertrauen. Ein wirklich mutiger Schritt! Ihr wollt euren Bund miteinander und mit Gott unter ein Motto gestellt wissen. Dazu habt ihr euch euren Trauspruch ausgewählt. Für alle die, die ihn noch nicht kennen, und für euch zur Wiederholung lese ich ihn einmal im Zusammenhang vor: Es heißt in Prediger 3, 1-8: Alles hat seine Zeit.

Ein jegliches hat seine Zeit, und alles Vorhaben unter dem Himmel hat seine Stunde; geboren werden hat seine Zeit, sterben hat seine Zeit; pflanzen hat seine Zeit, ausreißen, was gepflanzt ist, hat seine Zeit; töten hat seine Zeit, heilen hat seine Zeit; abbrechen hat seine Zeit, bauen hat seine Zeit; weinen hat seine Zeit, lachen hat seine Zeit; klagen hat seine Zeit, tanzen hat seine Zeit; Steine wegwerfen hat seine Zeit, Steine sammeln hat seine Zeit; herzen hat seine Zeit, aufhören zu herzen hat seine Zeit; suchen hat seine Zeit, verlieren hat seine Zeit; behalten hat seine Zeit, wegwerfen hat seine Zeit; zer-

[37] (18.10.2003)

reißen hat seine Zeit, zunähen hat seine Zeit; schweigen hat seine Zeit, reden hat seine Zeit; lieben hat seine Zeit, hassen hat seine Zeit; Streit hat seine Zeit, Friede hat seine Zeit.[38]

Alles hat seine Zeit. Man könnte auch sagen: Suchen hat seine Zeit und Finden hat seine Zeit. Ihr jedenfalls habt euch gesucht und gefunden. Und nicht nur ihr habt aneinander Gefallen gefunden, Du, U., an M.s „total lieben Augen", und Du, M., daran, dass U. „einfach nur strahlt", wie auch jetzt; auch eure Hunde haben aneinander Gefallen gefunden, beziehungsweise ihr an euren beiden Hunden, die euch, wie ihr erzählt habt, im wahrsten Sinne des Wortes „zusammengeführt haben". Spielfilmreif! Fortan habt ihr gegenseitig Ordnung in euer Leben gebracht: Du, U., indem du ihm, zum Beispiel ganz pragmatisch, liebevoll die Brote für die Arbeit zubereitet hast. Du, M., indem du ihr zum Beispiel in Fragen der Kindererziehung zur Seite gestanden hast. Ihr habt gemerkt, wie gut ihr einander ergänzt. Ihr seid zusammengezogen und habt inzwischen sogar ein Haus gebaut.

Abbrechen hat seine Zeit, bauen hat seine Zeit. Ihr habt buchstäblich eure alten Zelte abgebrochen, um euch gemeinsam ein neues Dach über den Kopf zu bauen.

Behalten hat seine Zeit, wegwerfen hat seine Zeit. Allein für euren Umzug musstet ihr für jede Kleinigkeit entscheiden, was ihr behalten, und was ihr wegwerfen wollt. Aber das Behalten und Wegwerfen bezieht sich nicht nur auf Gegenstände. Ihr habt euch auch entschlossen, euren jeweiligen Namen zu behalten. Du, U., wirst weiterhin B. heißen, und du, M., behältst deinen Geburtsnamen D.

Lieben hat seine Zeit, hassen hat seine Zeit. Es gibt viele Eigenschaften, die ihr aneinander liebt und schätzen gelernt habt: Du, U., magst an M., dass er „sehr mutig" ist, eine „unheimliche Sicherheit" ausstrahlt und fast immer eine

[38] Lutherbibel, revidierter Text 1984, durchgesehene Ausgabe, © 1999 Deutsche Bibelgesellschaft, Stuttgart.

Lösung weiß. Du M., schätzt an U., so sagt sie, ihr „Organisationstalent", ihre „Risikobereitschaft" und ihre Fähigkeit, „zu umsorgen". Streit hat seine Zeit, Friede hat seine Zeit. Auch bei euch gibt es kleine Zwistigkeiten. Du, U., eckst immer wieder damit an, dass M. vieles „für sich ausbrütet" und manches „nicht offen ansprechen" will. Dann wirfst du ihm vor, dass er sich wie ein „Single" benehme.

Doch Schweigen hat seine Zeit und Reden hat seine Zeit. Dass und wann ihr eure Zeiten zum Reden aber auch zum Schweigen habt, gilt es vielleicht noch mehr zu akzeptieren beziehungsweise herauszufinden. Du, M., reagierst empfindlich, wenn du das Gefühl hast, dass U. „über deinen Kopf hinweg" bestimmt und du dich dadurch „bevormundet" fühlst. Vielleicht ist genau dies der „Zeitpunkt" für dich, dir eine kurze „Auszeit" zu gönnen.

Herzen hat seine Zeit und aufhören zu herzen hat seine Zeit. Auch das „Sich eine Pause gönnen" hat seine Zeit. Doch im Grunde sucht ihr beide dasselbe miteinander: Ein Miteinander-Weinen und -Lachen, ein gemeinsames Klagen und Tanzen.

Weinen hat seine Zeit, lachen hat seine Zeit. Klagen hat seine Zeit, tanzen hat seine Zeit. Ihr sucht „Sicherheit und Geborgenheit" und wollt euch gegenseitig ein „Zuhause" bereiten. Ihr wollt „Glück" für eure Ehe und wollt miteinander dazu beitragen. Eine Garantie für das Glücklichsein gibt es nicht. Ein Ehe-Vertrag ist kein Versicherungsschein gegen das Zerbrechen und das In-Scherben-fallen von Glück. Das habt ihr beide schon selbst erfahren und bereits hinter euch. In eurer Sprache: Es gibt eine Zeit des Honeymoons und eine Zeit der Ernüchterung. Die Weisheit der Bibel formuliert es ähnlich:

Ein jegliches hat seine Zeit. Alles Vorhaben unter dem Himmel hat seine Stunde: Geboren werden und sterben, - pflanzen und ausreißen. Töten und heilen, - abbrechen und bauen. Weinen und lachen, - klagen und tanzen. Wegwerfen und sammeln, - herzen und damit aufhören. Suchen und verlieren, - behalten und wegwerfen. Zerreißen und zunähen, - schweigen und reden. Lieben und hassen, - streiten und Frieden schließen.

Ich wünsche euch für eure Ehe, dass ihr Zeiten des Herzens, des Liebens und des Heilens für euch findet. Dass ihr gemeinsam weinen und lachen könnt. Dass ihr miteinander schweigen und reden lernt. Dass ihr zusammen klagen und tanzen möget. Und, dass ihr noch möglichst viel Zeit dazu habt. Gesegnete Zeit.

Amen.

(2) Jesus Sirach 6,14[39]

Liebe E., lieber A., liebe Angehörige, liebe Traugemeinde.

Es ist keine Frage, ihr beide – E. und A. – habt einen „Schatz“ gefunden! Ganz so, wie ihr es in eurem Trauspruch (Jesus Sirach, Kapitel 6, Vers 14) heißt, den ihr euch - als Motto für euer beider Eheleben - gemeinsam ausgesucht habt:

Ein treuer Freund ist wie ein festes Zelt; wer einen solchen findet, hat einen Schatz gefunden.[40]

Erfahrungen mit dem Zelten habt ihr bereits gesammelt, wie ich hörte, - niemand zeltet so wohleingerichtet wie ihr - und auch an Erfahrungen mit Freundschaft mangelt es euch nicht. Seit fünf Jahren nun mehr seid ihr miteinander befreundet, ja, mehr als das, seit fünf Jahren liebt ihr einander und lebt miteinander. Eigentlich fühlt ihr euch bereits seit fünf Jahren als Mann und Frau, spätestens seitdem dir – E. - „der große A.“, nach drei Wochen des Zusammenseins bereits den ersten „Heiratsantrag“ stellte, bzw. E. um deine

[39] (6.8.2005)
[40] Einheitsübersetzung der Heiligen Schrift

– A.s – Hand anhielt und deine Mutter - gut biblisch, am Sterbebett - um ihren Segen zu eurer beider Ehe bat. Heute morgen habt ihr diese, für euch schon längst gültige Ehe, euer Ja zueinander, amtlich bestätigen lassen, rechtlich gesehen seid ihr also nun tatsächlich Mann und Frau. Nun wollt ihr dieses Ja-Wort noch bekräftigen, indem ihr es mit Gottes Hilfe voreinander, vor mir, vor der hier versammelten Gemeinde, und vor allem vor Gottes Angesicht gleich aussprechen werdet und um Gottes Segen für euer eheliches Zusammenleben bittet. Ihr lebt bereits lange genug zusammen, um zu wissen, dass in einer Partnerschaft nicht immer alles perfekt und harmonisch läuft. Ihr kennt die Momente, in denen es Spannungen gibt, in denen sich dann die Liebe erst wieder erweisen muss, um sich zu verzeihen und wieder aufeinander zuzugehen. Ihr schätzt aneinander eure Zuverlässigkeit, eure Offenheit, euren Humor, doch vor allem schätzt ihr, dass ihr einander Geborgenheit schenken könnt. Und dass diese Geborgenheit, dieses wohlige „Zuhause-Gefühl", euch besonders am Herzen liegt, habt ihr eben mit eurem Trauspruch zum Ausdruck gebracht: ihr wollt einander „treue Freunde" sein, wie ein „festes Zelt" einander Geborgenheit schenken, einen Ort des Zuhause-Seins, des Schutzes, des Geborgenseins. Bewahrt euch dieses gemeinsame Zelt, bewahrt euch die Freundschaft, vor allem die Treue und die Geborgenheit. Und wisst euch geborgen in eurer Ehe vor Gottes Angesicht. Und so findet auch diese eure Hoch-Zeit, unter Gottes freiem Himmel statt, (bei schlechtem Wetter in dem für euch symbolisch so wichtigen Zelt). Ihr habt euch in diesem Leben gefunden, Du – A. – hast E. sogar einmal in T. gefunden und sie dann begrüßt mit den Worten: „ich hab so sehr auf dich gewartet!" Wiederum habt ihr einander bereits fast biblisch bekannt: „Wo bleibst du?" „Da, wo du auch bleibst." Möget ihr beieinander bleiben, wie ihr gleich „vor Gott" versprechen werdet, „bis dass der Tod euch scheiden" und möge dieser Zeitraum bis dahin noch lange andauern.

Und der Friede Gottes, der höher ist als all´ unsere menschliche Vernunft, der bewahre unsere Herzen und Sinne in Christus Jesus. Amen.

(3) Prediger 3,4; 4,10b[41]

Liebes Brautpaar – liebe C., lieber S. – liebe Festgemeinde!

In eurem Trauspruch vereinen sich gleich zwei Bibelverse auf einmal. Ich lese aus Prediger 3 (Vers 4) und 4 (Vers 10b):

Weinen hat seine Zeit, lachen hat seine Zeit; klagen hat seine Zeit, tanzen hat seine Zeit. [...] Weh dem, der allein ist, wenn er fällt! Dann ist kein anderer da, der ihm aufhilft.[42]

Auch wenn beide Sprüche nicht in unmittelbarem Zusammenhang stehen, lassen sie sich dennoch gut aufeinander beziehen (so, wie ihr beide auch ...): alleine weinen ist traurig; besser ist, wenn man seine Trauer mit jemandem teilen kann. Schön ist es zu lachen; doch noch viel schöner ist es, miteinander zu lachen und sich gemeinsam zu freuen! Einsam seine Klage zu erheben – wozu und an wen? Doch ein zugewandtes Ohr zu haben und ein offenes Herz zu finden – das allein kann schon wahrhaft tröstend wirken. Und auch mit dem Tanzen verhält es sich ähnlich: Jemanden an seiner Seite zu wissen, sich einander anzuvertrauen – miteinander im Takt zu sein, lieber gemeinsam als allein. Denn: wehe dem, der allein ist! Insbesondere, wenn er fällt – und niemanden findet, der ihm zur Seite steht. Alleine leben ist „in" – ab und an: „Single" sein, frei, unabhängig, ungebunden. Mobil, flexibel, beweglich, ohne Hindernis, gar Behinderung eines anderen. Dem eigenen Willen

---

[41] (1.6.2007)

[42] Lutherbibel, revidierter Text 1984, durchgesehene Ausgabe, © 1999 Deutsche Bibelgesellschaft, Stuttgart.

folgen, der eigenen Lust frönen, ohne nach einem anderen fragen zu müssen, ohne Rücksichtnahme auf Verluste. Doch wehe: wehe, wenn der „Fall" kommt und keiner sich verpflichtet weiß, zur Hilfe zu nahen. Wenn sich plötzlich niemand in die Verantwortung nehmen lassen will. Dann muss der Preis gezahlt werden – für das Leben in Un-Verantwortlichkeit. Ihr habt euch anders entschieden: ihr wollt nicht länger Singles bleiben – gemeinsam wollt ihr das Leben „schultern", eure Lasten tragen, aber – und insbesondere auch – eure Hoch-Zeit(en) miteinander feiern. Heute soll noch viel gelacht und getanzt werden! Zum eventuellen Klagen und Weinen habt ihr einander und auch eure jeweils „seelsorgerlichen" Freundinnen, die heute bereits als Trauzeuginnen ihres Amtes gewaltet haben. Heute ist euer Hochzeits-Tag! Feiert und seid fröhlich, freut euch an- und miteinander: Und ertragt euch in „guten und weniger guten Zeiten": In jeweiliger Ergänzung eurer „Zielstrebigkeit" (C.) und „Großherzigkeit" (S.), des „impulsiven Temperamentes", aber auch der „Schüchternheit" (C.), als auch des manchmal „schlafmützigen Bockigseins" (S.). Und der Friede Gottes, der höher ist als all unsere menschliche Vernunft, bewahre unsere Herzen und Sinne in Christus Jesus.

Amen.

(4) Psalm 100,2[43]

Liebes Gold-Ehepaar B.! Liebe Angehörige! Liebe Fest-Gemeinde!

Fünfzig Jahre ist es nun her, dass Sie sich in B.-M. vor dem Standesbeamten (N.) das Ja-Wort gaben. Am selben Tage ließen Sie sich in der Evangelischen Kirche zu B.-H. von Pastor L. trauen und unter Gottes Segen stellen. Er gab Ihnen einen Trauspruch aus dem einhundersten Psalm mit auf Ihren

[43] (20.7.2007)

gemeinsamen ehelichen Lebensweg. Einen Aufruf zum Lobe Gottes. Ich lese aus Psalm 100, Vers 2:

Dienet dem HERRN mit Freuden, kommt vor sein Angesicht mit Frohlocken![44]

So treten Sie heute noch einmal gemeinsam vor den Altar und vor das Angesicht Gottes. Denn ein Anlass zu Freude und zum Frohlocken ist der heutige Tag tatsächlich. Nicht nur als Ihr Hochzeitstag ist der x. Juli ein so besonderes Datum in ihrer beider Leben: Der x. Juli ist außerdem noch Ihr, Herr B., Geburtsdatum, das heißt, Sie feiern heute gleichzeitig noch Ihren x. Geburtstag, wenn ich das einmal hier vor versammelter Mannschaft so laut und indiskret äußern darf. Doch auch damit noch nicht genug: heute vor x Jahren gaben sich Ihre beiden Eltern, Herr B., auf dem Standesamt in B. ihr beiderseitiges Ja-Wort. Sodass Sie heute nicht alleine Ihren Jubelhochzeitstag miteinander feiern, sondern gleichzeitig noch des Jubelhochzeitstages Ihrer Eltern eingedenk sein dürfen. Nächstes Jahr könnten Ihre Eltern also den Festtag der Kronjuwelenhochzeit begehen. Doch auch damit sind wir noch längst nicht am Ende der Feierlichkeits-Auflistung. Heute feiert auch Ihre älteste Tochter B. gemeinsam mit Ihrem Ehemann bereits ihren x. Hochzeitstag. Herzlichen Glückwunsch schon einmal von hier aus zu Ihrer „Porzellan"- oder auch „Dornen"-Hochzeit! (Die Namensgeber der Hochzeitstage werden sich bei der Benennung wohl schon etwas gedacht haben!) Dass Sie in B. geheiratet haben, ist alles andere als selbstverständlich, schaut man einmal auf Ihre beiden Geburtsorte. Sie, ich erwähnte es schon indirekt, Herr B., wurden im s.-schen B. geboren und Sie, Frau B., erblickten in B. nahe K. in der M. B. das Licht der Welt. Sie flohen dann quasi „in Etappen" mit ihren Eltern und Geschwistern nach B., wo sich im Laufe der Zeit die komplette Familie wiederfand und vesammelte. Sie, Herr B., zog es dann, nach der abge-

[44] Lutherbibel, revidierter Text 1984, durchgesehene Ausgabe, © 1999 Deutsche Bibelgesellschaft, Stuttgart.

schlossenen Berufsausbildung zum H. und keiner weiteren Aussicht auf Arbeit in diesem Beruf „Richtung Westen“, um dann als B. „u. T.“ ihr Geld verdienen zu können. Dort lernten Sie dann auch den G. L. kennen, den Bruder Ihrer zukünftigen Frau, der Sie dann, sozusagen „zufällig“ zueinander führte. Sie wollten lediglich einmal die Qualität eines Stoffes für ein D. prüfen, als Sie dann auf Ihre jetzige Gemahlin trafen. Mit Ihren Worten: „dann war da so´ne S.-haarige; da war´ et passiert!“ Oder mit Ihren Worten, Frau B.: „Da hat´s sofort gefunkt!“ So nennt man wohl die „Liebe auf den ersten Blick“! Danach ging alles recht zügig. Nach fünf Jahren hatten Sie bereits Ihr Haus in W. gebaut, nach sieben Jahren ihre Hochzeitsreise an die M. nachgeholt, nach acht Jahren waren Sie schon glückliche Eltern dreier gesunder Töchter und nach zwölf Jahren wurde Ihnen noch ein Sohn geboren. Nun, nach Ihren gemeinsamen Ehejahren, die Ihnen beiden im Rückblick nicht wie die Dauer von fünfzig Jahren, eher wie zwanzig Jahre vorkommen, sind Sie bereits Großeltern von sieben Enkelinnen und Enkeln im Alter von vier bis zwanzig Jahren. Ein sehr bewegtes Leben, wie Sie es selbst formulierten. Und, vor allem, „alles andere als langweilig“, so betonten Sie! Fünfzig Jahre, ein Anlass innezuhalten und zurückzublicken, ein Grund dankbarer Freude, auch ein kleiner Ausblick nach vorne tut sich auf. Da ist noch die erträumte gemeinsame Reise nach P., um auf der D. fahrend, alle Viere von sich strecken zu können. Denken Sie an die Weisheit Ihrer Mutter, Herr B., die jedes Jahr zu Ihrem Geburtstag sagte: „immer ein Jahr ...“ bzw. die Sentenz prägte: „Sorg´, doch sorge nicht zuviel, es kommt doch wie Gott es will!“ Darum: „Dienet dem Herrn mit Freuden, kommt vor sein Angesicht mit Frohlocken.“

Und der Friede Gottes, der höher ist als all´ unsere menschliche Vernunft, der bewahre uns´re Herzen und Sinne in Christus Jesus. Amen.

III. Traueransprachen:

(1)1. Thessalonicher 5,16-18a[45]

Liebe Gemeinde.

Seid allezeit fröhlich, betet ohne Unterlass, seid dankbar in allen Dingen [...].[46]

So lauten im 1. Thessalonicherbrief, Kapitel 5, die Verse 16 bis 18a. Frau L. war fröhlich. Selbst als ich sie vergangenen Dezember im Krankenhaus besuchte, war sie guter Dinge. Kreuzworträtselhefte lagen vor ihr auf dem Tisch und sie saß im Sessel am Fenster. Wie sie vom „W.-berg" gewohnt die herrliche Aussicht über ganz G. genießen konnte, so genoss sie nun den Fensterblick über W. Ab und an schloss sie für einen Moment die Augen und nickte weg. Plötzlich wachte sie wieder auf, lächelte und erzählte ein wenig. Ihre beiden Töchter wollten zu Besuch kommen und sie freute sich darüber. Sie machte auf mich einen fröhlichen Eindruck und so habe ich sie in Erinnerung. Ich bin sicher, Ihre Erinnerungen werden wesentlich umfangreicher sein. Frau W. L., geborene G., wurde auch „M." genannt. Vor knapp 86 Jahren, am x.y.1915, wurde sie in G. bei H. geboren. Dorthin war ihr Vater gezogen, der als L. tätig war und ursprünglich aus dem Hugenottendorf D. stammte. Der nächste Umzug erfolgte, wiederum aus beruflichen Gründen, nach N., wo die Familie G. direkt in Bahnnähe wohnen konnte. Dort erlebte sie ihre Schulzeit und wurde 1929 konfirmiert. Wieder stand ein Ortswechsel an und der Vater baute sein erstes eigenes Haus „auf dem E." hier in G. Hier lernte sie auch ihren späteren Mann, Herrn K. L., kennen, den sie 1939 hei-

[45] (26.2.2001)
[46] Lutherbibel, revidierter Text 1984, durchgesehene Ausgabe, © 1999 Deutsche Bibelgesellschaft, Stuttgart.

ratete. Dann kam die Zeit der Kriegswirren. In dieser Zeit gab es sicherlich Anlass genug, ohne Unterlass zu beten. Ihr einziger Bruder, mit dessen Familie sie gemeinsam das elterliche Haus bewohnte, wurde 1939 Vater von K.-H. G. und fiel 3 Jahre später im Krieg. Auch der Bruder ihres Mannes blieb im Krieg und hinterließ seiner Frau den Sohn H. L. Ebenso wurde ihr Mann in den Krieg eingezogen. Er konnte allerdings, wie es nicht vielen gelang, 1945 in die Heimat zu seiner Frau und der 1942 geborenen Tochter I. zurückkehren. 1949 kam dann die zweite gemeinsame Tochter M. zur Welt. Frau L. arbeitete inzwischen im Haushalt und als N. und konnte ihre Eigenständigkeit bis zum Tode ihres Mannes im Jahre 1987 behaupten. Dann zog sie zu ihrer jüngsten Tochter und versorgte sich solange selbst in der eigenen Untergeschosswohnung, bis ihre Tochter sie 1995 „hoch holte“ und in Obhut nahm. Sie sah in ihrem Leben Grund, in allen Dingen dankbar zu sein. Sie konnte ihrer Familie Halt geben, Geborgenheit vermitteln und ihren Töchtern vieles mit auf den Weg geben. Sie hat ihre Enkelinnen S. und A. B. und ihre Enkel R. und M. L. begleiten und versorgen können. Ja, sie hat sogar noch ihre 5-jährige Urenkelin J. B. miterlebt. Und immer wieder hat sie Sie, liebe Familienangehörige, zur Dankbarkeit ermahnt mit den Worten: „Was müssen wir so dankbar sein!“ Ja, wenn man bedenkt, dass sie in letzter Zeit häufiger davon gesprochen hat, sie wolle „heim zu Mutti“, in den Himmel, so könnte sie Ihnen jetzt aus dankbarer Fröhlichkeit die Paulusworte zurufen: Seid allezeit fröhlich, betet ohne Unterlass, seid dankbar in allen Dingen!

Amen!

(2) Hebräer 10,35[47]

Liebe Frau K., (lieber M.), liebe Angehörigen.

---

[47] (10.2.2005)

Darum werft euer Vertrauen nicht weg, welches eine große Belohnung hat.[48]

Diesen Bibelvers aus dem Hebräerbrief, Kapitel 10, Vers 35, möchte ich Ihnen, die Sie hier und heute versammelt sind, um Abschied zu nehmen von Ihrem Mann, (deinem Vater,) Ihrem Bruder und Schwager, auf Ihrem weiteren Lebensweg mitgeben, den Sie nun ohne M. K. weitergehen müssen. Werfet euer Vertrauen nicht weg, welches eine große Belohnung hat. So lautete der Bibelvers, der das Motto zur Konfirmation von M. K. bildete und quasi auch als Überschrift über seinem Leben stand. Vertrauen muss er wohl gehabt haben: Vertrauen in die Zukunft, Vertrauen in das Leben, um seinen Blick vorwärts zu lenken und für sich und seine Familie eine Existenz aufzubauen. Schon seine Eltern, Ihre Eltern müssen dieses Vertrauen gefasst haben, als sie ihre jeweilige Heimat in W.- bzw. O. hinter sich ließen, um in E. noch einmal von vorne anzufangen, wo sie sich kennenlernten, heirateten und 6 Kinder zur Welt brachten. Auch M. wurde als Zweitjüngster noch in A. geboren, bevor die Familie erneut aufbrach, um in K., hier in dieser Stadt, ihren Neuanfang zu wagen. Auch dort muss Vertrauen im Spiel gewesen sein; wie sonst kann genug Mut aufgebracht werden, um mit einer 8-köpfigen Familie einen Neubeginn zu starten. Hier in K. nahm dann auch M.s Leben seinen Lauf: er besuchte die Volksschule, machte seine Lehre zum B., absolvierte seinen Wehrdienst „wie es sich gehört" und wurde S. und B. beim K. In dieser Funktion hat es dann auch sofort „gefunkt", als Sie, Frau K., damals noch Frau K., ins Spiel kamen. Sie trafen sich im B. auf dem Weg zur Beerdigung Ihres Großvaters auf einem der hiesigen K.er Friedhöfe. Er lenkte den B. und begleitete sie quasi zu einem familiären Abschied, der zu einem Neubeginn wurde: „es funkte" eben zwischen Ihnen. Doch leider haben Sie sich dann „aus den Augen verloren", jedoch nicht aus dem Sinn. Auch Sie, Frau K.,

[48] Lutherbibel, revidierter Text 1984, durchgesehene Ausgabe, © 1999 Deutsche Bibelgesellschaft, Stuttgart.

kannten bereits das Gefühl eines Neuanfangs, da Sie ebenfalls Vertrauen fassten, um gemeinsam mit Ihrer Familie von S. nach K. kommend, hier noch einmal von vorn zu beginnen. Und dieses Vertrauen sollte seine große Belohnung finden, wie es in dem Bibelvers so schön lautet: Werft euer Vertrauen nicht weg, welches eine große Belohnung hat. Sie trafen sich plötzlich wieder, wie es der sogenannte Zufall wollte: Sie besuchten gemeinsam mit ihrer Mutter und Schwester ein Lokal, in dem M. mit seinem jüngsten Bruder saß, den Sie durch Ihre Arbeit bereits kannten bzw. sofort wieder-erkannten! Und dann ging alles recht schnell: kurz nach Ihrem Wiedersehen haben Sie dann bereits geheiratet, voller Vertrauen zueinander und in Ihr gemeinsames Zusammenleben. Und Ihrem Vertrauen ineinander folgte ebenfalls eine große Belohnung: Ihr Sohn M. wurde geboren! In der Bibel heißt es weiter (Prediger 3,22a):

So sah ich denn, dass nichts Besseres ist, als dass ein Mensch fröhlich sei in seiner Arbeit; denn das ist sein Teil.[49]

Sie, Frau K., erzählten mir, wie gerne Ihr Mann gearbeitet hat: Zuerst war er, wie ich schon erwähnte, fast 17 Jahre lang für den K. als F. tätig, dann zirka 14 Jahre bei K.-H.-D. als D. und anschließend 13 Jahre bei S. als L. Sogar als er Rentner wurde, wollte er gerne noch weiter arbeiten und fuhr Schulkinder mit dem B. zur Schule und wieder nach Hause. Doch dann kam die Krankheit dazwischen. Bei einer K.-untersuchung wurde K. festgestellt und in einer langwierigen Operation entfernt. Doch die Krankheit wollte sich nicht geschlagen geben: Der K. befiel L. und L. und wucherte weiter um sich, sodass Herr K. kurz vor Weihnachten letzten Jahres wegen großer Schmerzen nochmals ins Krankenhaus musste. Über Weihnachten durfte er nach Hause, wo Sie, Frau K., ihn so gut pflegten, wie Sie konnten. Das neue Jahr kam und

---

[49] Lutherbibel, revidierter Text 1984, durchgesehene Ausgabe, © 1999 Deutsche Bibelgesellschaft, Stuttgart.

der häusliche Pflegedienst rückte zur Verstärkung an. Doch die Krankheit gab nicht auf. Herr K. musste noch ein letztes Mal in die U.-Klinik, wo er trotz eines L.s, verstarb. Und nun gilt Ihnen sein Konfirmations-Vers: Werfet euer Vertrauen nicht weg, welches eine große Belohnung hat. Es ist schwierig zu vertrauen, angesichts des so plötzlich eingetretenen Todes. Es ist schwer zu vertrauen und an eine Belohnung zu glauben, wo gerade Krankheit und Tod ein Opfer gefordert und genommen haben, ohne nach dem Einverständnis aller Beteiligten zu fragen. Angesichts eines solch harten Schlages scheint alles Vertrauen zu weichen und zu schwinden. Doch gerade jetzt tut Vertrauen besonders not! Wie sollten Sie, die Hinterbliebenen, die Herr K., der Verstorbene, jetzt zurückgelassen hat, sonst weiterleben können? Werft euer Vertrauen nicht weg, welches eine große Belohnung hat. So schwer es auch fallen mag, auf Belohnung zu hoffen, so wichtig ist jetzt das Festhalten am Vertrauen-Können. Darum: Werft euer Vertrauen nicht weg, welches eine große Belohnung hat. Sondern: Werft euer Vertrauen auf Gott, er wird´s wohl machen!

Und der Friede Gottes, der höher ist als all unsere menschliche Vernunft, bewahre unsere Herzen und Sinne in Christus Jesus. Amen.

(3) Psalm 102,27a[50]

Liebe Frau K.

Sie wissen, was es bedeutet, einen Menschen zu verlieren: Vor fast x Jahren haben Sie Ihren Mann innerhalb eines plötzlichen Unfalltodes verloren. Und nun tragen Sie - nachdem Sie Ihre 3 Söhne alleine groß gezogen haben – heute Ihren Erstgeborenen zu Grabe. Dies ist ein schwerer Weg für Sie –

[50] (30.3.2005)

auch für Sie, liebe Brüder K., und für Sie, Frau S. Sie haben G. K. viele Jahre, ja sogar Jahrzehnte, begleiten dürfen – haben die Zeit seines „Aufbaus" miterlebt, Schul- und Ausbildungsjahre, seine Eheschließung, seine Arbeit. Doch ebenso haben Sie Zeiten seines „Abbaus" mitbekommen, hauptsächlich bedingt durch seine Krankheit. In den letzten Jahren hat die Krankheit sein Leben ausgefüllt, Sie alle wissen davon. Diese Krankheit hatte er so satt, dass er sie keinem Kind weitervererben wollte, lieber auf Kinder verzichtete. Zum Schluss war ihm diese Krankheit so leid, dass er selber nicht mehr weiterleben wollte. Letzte Woche, in der Kar-Woche, ist er verstorben. In der Tageslosung zu seinem Todestag heißt es (Psalm 102,27a):

Sie [Himmel und Erde] werden vergehen, du aber bleibst.[51]

Und dieses tröstende Wort möchte ich Herrn F. G. K. - und Ihnen, seinen Angehörigen - mitgeben auf den Weg zu seiner letzten Ruhestätte. „Himmel und Erde werden vergehen, du aber bleibst." Ein schlichter Vers, der uns sowohl an unsere Vergänglichkeit zu erinnern vermag, uns aber nicht in diesem unbehaglichen Gefühl allein zurücklässt. An Ostern wurde es uns allen erneut zugesagt: die Botschaft von der Überwindung des Todes, die Botschaft von der Auf-Erstehung nach einem langen Leidensweg. Auch der lange Leidensweg von G. K. hat ein Ende gefunden. Jetzt hat er keine Schmerzen mehr. Er muss jetzt nicht mehr gegen seine Krankheit ankämpfen. Nun hat er die Ruhe gefunden, nach der er sich so lange gesehnt hat. Und nun ist es an Ihnen, Ihren Sohn, Bruder, Freund, Verwandten, Bekannten – G. K. - gehen zu lassen. Mit der tröstenden Botschaft und Zuversicht: „Himmel und Erde werden vergehen, du aber bleibst."

[51] Lutherbibel, revidierter Text 1984, durchgesehene Ausgabe, © 1999 Deutsche Bibelgesellschaft, Stuttgart.

Und der Friede Gottes, der höher ist als all´ unsere menschliche Vernunft, der bewahre unsere Herzen und Sinne in Christus Jesus. Amen.

(4) Genesis 2,7[52]

Liebe Frau S., lieber C., liebe S., liebe Angehörige, liebe Trauergemeinde!

In der Bibel heißt es von der Erschaffung des Menschen (Genesis 2,7):

Da machte Gott der HERR den Menschen aus Erde vom Acker und blies ihm den Odem des Lebens in seine Nase. Und so ward der Mensch ein lebendiges Wesen.[53]

Ich habe Herrn K. zwar niemals kennengelernt, aber nach all dem, was ich von ihm gehört habe, muss er wohl besonders viel von Gottes Lebensodem bekommen haben, da er sehr lebendig, lebensfroh, vital und gesellig war. Sie, Frau S., erzählten, wie oft Ihr Vater dem Tod, sprichwörtlich „von der Schippe gesprungen sei“: Bereits als Kind, auf der Kriegsflucht aus P., hat er eine Bewahrung erlebt, während die anderen Kinder, im Planwagen schlafend, tödlich getroffen wurden. 17 Lungenentzündungen hat er überlebt. Ja, er wurde sogar einmal für tot erklärt, als er an Typhus erkrankt war. Und als er beerdigt werden sollte, saß er nur lachend da. Er muss schon eine große Portion Überlebenskraft bekommen haben. Und genau diese Lebendigkeit haben alle an ihm zu schätzen gewusst: Auf „L.“ war Verlass: „L. macht datt schon!“, „der kann datt!“. Zu L. konnte man kommen, egal, ob die Glühbirne kaputt war, oder das Mofa reparaturbedürftig, er wusste sich immer Rat und Hilfe. Er war Anlaufstelle für jedermann, egal, wie gut oder schlecht es ihm

[52] (31.3.2005)

[53] Lutherbibel, revidierter Text 1984, durchgesehene Ausgabe, © 1999 Deutsche Bibelgesellschaft, Stuttgart.

ging. Bis zuletzt hat er sich um das Wohl seiner Mitmenschen gekümmert und vorgesorgt. Noch kurz bevor er ins Krankenhaus musste, hat er seine Wohnung auf Vordermann gebracht. Sogar unter größten Schmerzen hatte er noch Humor im Umgang mit den Krankenschwestern. Sie alle wissen bestimmt noch viel mehr von Herrn K. und seiner Lebendigkeit. Gegen Ende hatte er dann richtig mit sich und seiner Krankheit zu kämpfen. Sieben Jahre hat er mit dem K. gerungen. Doch auch der größte Kampf hat einmal ein Ende. So, auch bei Herrn K.: Er hat den letzten Atemzug getan, der lebendige Odem Gottes ist aus seinem Körper gewichen. Heute werden die Überreste seines Leibes, gemeinsam mit der umgebetteten Urne seiner Ehefrau, - Ihrer Mutter, eurer Oma - im Familiengrab beigesetzt. So gelangen beide zurück zu dem Acker, von dem sie genommen wurden.

Und der Friede Gottes, der höher ist als all unsere menschliche Vernunft, der bewahre unsere Herzen und Sinne in Christus Jesus. Amen.

(5) Hiob 36,16[54]

Liebe Frau H., liebe N., liebe Angehörige und Hinterbliebene, liebe Trauergemeinde.

N. N. ist tot. Einen Monat vor seinem x. Geburtstag hat es ihn mitten aus dem Leben heraus gerissen. Ein Schock für alle, die ihn kannten. Wirkte er doch nach außen sportlich, vital, gesund, fit und munter. Erfolgreich im Geschäftsleben, glücklich in seinem privaten Dasein. Finanziell musste er ebenfalls keinen Mangel leiden. Er konnte seine Interessen und Ideen verwirklichen, um die gesamte Welt reisen und seinen Hobbies nachgehen, begeistert tauchen und leidenschaftlich Motorrad bzw. Harley-Davidson fahren. Jedem Au-

[54] (22.4.2005)

ßenstehenden muss er mit seinem Lebenswandel beneidenswert erschienen sein. So hat niemand mit einem derartig plötzlichen Sekundentod rechnen können. Aus dem vollen Leben heraus, zwischen einem Zug an der Zigarette und einem Schluck aus dem Tee-Glas, kippte er aus seinem wohl eingerichteten Dasein. In solchen Momenten wird uns bewusst, was ich eben aus dem Psalm vorgelesen habe (Psalm 103,15f.):

Ein Mensch ist in seinem Leben wie Gras, er blüht wie eine Blume auf dem Felde; wenn der Wind darüber geht, so ist sie nicht mehr da, und ihre Stätte kennt sie nicht mehr.[55]

Beziehungsweise (Psalm 90,5f.):

Du lässest sie dahinfahren wie einen Strom, sie sind wie ein Schlaf, wie ein Gras, das am Morgen noch sprosst, das am Morgen blüht und sprosst und des Abends welkt und verdorrt.[56]

Ich weiß nicht, wie nah Sie ihn jeweils gekannt haben. Ob Sie ihm als erfolgreichem Geschäftskollegen begegnet sind oder sogar zum engeren Freundeskreis gehört haben. Jedoch gleichgültig, wie nahe Sie ihm auch gestanden haben mögen, werden auch Sie wissen, dass kein Mensch rund um die Uhr erfolgreich, gesellig und glücklich sein kann. So wird auch Herr N. Momente gekannt haben, in denen er sich nach Ruhe und Geborgenheit sehnte. Diese Ruhe möchte ich ihm hier und heute zusprechen mit einem Bibel-Wort aus dem Buch Hiob, wo es heißt (Hiob 36,16):

---

[55] Lutherbibel, revidierter Text 1984, durchgesehene Ausgabe, © 1999 Deutsche Bibelgesellschaft, Stuttgart.
[56] Lutherbibel, revidierter Text 1984, durchgesehene Ausgabe, © 1999 Deutsche Bibelgesellschaft, Stuttgart.

So reißt er auch dich aus dem Rachen der Angst in einen weiten Raum, wo keine Bedrängnis mehr ist; und an deinem Tische, voll von allem Guten, wirst du Ruhe haben.[57]

Und auch Ihnen, die Sie mir (nahezu) alle unbekannt sind, möchte ich zusagen: Es gibt einen Raum der Weite, wo die alles verschlingende Angst keine Macht mehr über uns hat, wo uns nichts bedrängen, einengen und nötigen kann, wo wir herausgerissen sind aus dem Schlund, emporgehoben, bewahrt. Wo uns ein reich gedeckter Tisch erwartet, auf dem die Fülle des Guten zu finden ist, an dem wir zur Ruhe kommen können. Einen solchen Ort der Ruhe und Besinnung wünsche ich uns allen.

Und der Friede Gottes, der höher ist als all´ unsere menschliche Vernunft, der bewahre unsere Herzen und Sinne in Christus Jesus. Amen.

(6) Genesis 6,3[58]

Lieber Herr P., liebe Familie P., liebe Trauergemeinde.

In der Bibel heißt es (Genesis 6,3):

Da sprach der HERR: Mein Geist soll nicht immerdar im Menschen walten, denn auch der Mensch ist Fleisch. Ich will ihm als Lebenszeit geben hundertundzwanzig Jahre.[59]

---

[57] Lutherbibel, revidierter Text 1984, durchgesehene Ausgabe, © 1999 Deutsche Bibelgesellschaft, Stuttgart.
[58] (27.4.2005)
[59] Lutherbibel, revidierter Text 1984, durchgesehene Ausgabe, © 1999 Deutsche Bibelgesellschaft, Stuttgart.

Ihre Mutter, Großmutter, Urgroßmutter, Verwandte, Bekannte, Nachbarin ist zwar keine 120 Jahre alt geworden, jedoch hat sie mit ihren einhundert Jahren ein wahrhaft biblisches Alter erreicht. Von ihr kann man - ähnlich wie von Abraham (Genesis 25,8) – sagen:

Und Abraham [resp. sie] verschied und starb in einem guten Alter, als er [resp. sie] alt und lebenssatt war und wurde zu seinen [resp. ihren] Vätern [und Müttern] versammelt.[60]

Ich selbst habe sie leider nicht mehr kennengelernt; die beiden Male, an denen ich versuchte, sie bei sich zu Hause zu besuchen, öffnete mir niemand die Tür. Erst jetzt habe ich erfahren, dass sie bereits seit Anfang diesen Jahres im „S." lebte, wo sie vergangenen Donnerstag auch entschlief beziehungsweise entschlafen ist. Niemand von ihren Verwandten hätte jemals damit gerechnet, dass ausgerechnet „et arme W.", alle gesunden „Knubbels" überleben würde. Galt sie doch von Geburt an als Sorgenkind, zu der immer gesagt wurde: „dat kann se nett, dat darf se nett"! Sie kam (19xx) in K. als „Sieben-Monats-Kind" zur Welt, die inneren Organe waren noch nicht völlig ausgereift, am Sport durfte sie nie teilnehmen, ihr galt ständige Rücksichtnahme. Im Gegensatz zu ihrer drei Jahre älteren Schwester A., die als „dat N." robust genug war „für´s Grobe", war die kleine L. „für´s Feine" zuständig. So erlernte sie später auch den Beruf einer „B.". In ihrer Kindheit und frühen Jugendzeit erlebte sie den Ersten Weltkrieg (1914-1918). Sie lebte weiterhin in K.-H., heiratete und bekam ihren Sohn „K." (19xx). Dann brach der Zweite Weltkrieg aus (1939). Ihre Schwester A. starb (19xx). K. wurde zerbombt und L. wurde mit ihrer Familie nach S. evakuiert (19xx). Als sie nach Kriegsende (1945) wieder nach K. zurückkehren wollte, verlor sie unterwegs ihren zukkerkranken Mann. Wenig später verstarb dann ihr Vater (19xx) und kurz dar-

[60] Lutherbibel, revidierter Text 1984, durchgesehene Ausgabe, © 1999 Deutsche Bibelgesellschaft, Stuttgart.

auf auch ihre Mutter (19xx), so dass sie fortan mit ihrem Sohn [mit Ihnen] alleine war. Als die Firma K., in der sie stets arbeitete, in einen Neubau umzog, bekam sie eine schwere Krankheit (19xx): sie hatte ein „L. in der L.“ und musste deshalb lange krank in M. liegen, bis sie in der Kur „zur Rentnerin gemacht“ wurde und fortan die Rente bezog. Sie erlebte die Hochzeit ihres Sohnes, die Geburt ihres Enkels (19xx) und sogar - biblisch gesprochen „bis ins vierte Glied“ - die Geburt ihres Urenkels (19xx). Auch den Tod ihrer Schwiegertochter erlebte sie noch (19xx), und konnte Ihnen, Herr P., über den Tod Ihrer Frau hinweghelfen. Sie zogen von O. in die H.-kolonie zurück und konnten sich, direkt einander gegenüber wohnend, bestens um ihre Mutter kümmern. Gegen Ende hat sie sich in ihre eigene Welt zurückgezogen, in die Welt ihrer Erinnerungen, in die Vergangenheit ihrer Kindertage: Dann erzählte sie, dass ihre Eltern durch die K.er Straßen gingen, dass ihr „dat N.“ die Schokolade weggenommen habe, dass sie „nach Hause“ wolle, in die Wohnung ihrer Kindheit. Von den Geschehnissen um sie herum hat sie „nichts mehr mitbekommen“, sondern hockte in der letzten Zeit „wie ein verschrecktes Tier“ in der Ecke. Sie, Herr P., sagten, Sie seien „glücklich, dass es so gekommen ist“, eine „Erlösung für sie!“, eine Erlösung für „de Omma“. Schließlich ist sie „einfach eingeschlafen“. Da sprach der Herr: „Mein Geist soll nicht immerdar im Menschen walten, denn auch der Mensch ist Fleisch. Ich will ihm als Lebenszeit geben hundertundzwanzig Jahre.“ Den Geist des Herrn hat er von ihr genommen. Den Weg „nach Hause“ hat sie wohl gefunden. Und so soll sie heute „zu ihren Müttern und Vätern versammelt“ werden.

Und der Friede Gottes, der höher ist als all´ unsere menschliche Vernunft, der bewahre unsere Herzen und Sinne in Christus Jesus. Amen.

(7) Psalm 30,6[61]

---

[61] (28.4.2005)

Liebe Frau S., liebe Familie(n) S., liebe Angehörige und Verwandte, liebe Trauergemeinde.

In der Bibel heißt es (Psalm 30,6):

Denn sein Zorn währet einen Augenblick und lebenslang seine Gnade. Den Abend lang währet das Weinen, aber des Morgens ist Freude.[62]

Vielleicht fällt es Ihnen gerade schwer, daran zu glauben, da Ihnen das Weinen näher liegt als die Freude. Ihr Mann / euer Vater bzw. Schwiegervater / euer Großvater ist gestorben. In so einem Moment lässt sich kaum leicht von Freude oder Gnade sprechen. Dennoch - nach allem, was ich am vergangenen Freitag über Ihren Mann / Vater / Großvater usw. gehört habe - wage ich es, von Gnade zu reden. Sie, Frau S., erzählten mir, dass sich ihr Mann von der letzten seiner beiden H.-operationen nicht mehr erholt habe, dass er „am goldenen Faden" hing. Sie teilten mir mit, dass er in der letzten Zeit immer häufiger gefragt habe: „Für was bin ich noch da?" und sich wünschte, dass „er da oben mich doch endlich holt!" Sie erzählten, dass es immer sein Wunsch war, nicht lange leiden zu müssen, einfach „einschlafen" zu können. Und so hat er sich dann auch vor zwei Wochen einfach auf die Couch gelegt, Ihnen in aller Ruhe „einen vorgeschnarcht", wie Sie sagten, um noch einmal tief Luft zu holen und „weg zu sein". Alle Wiederbelebungsversuche haben daran nichts zu ändern vermocht, weder Stromstöße noch H.-massagen konnten ihn – K. S. -, wieder zurückholen. Er wollte gehen! Er wollte Ihnen, wie er sagte, „nicht länger zur Last fallen". Er hat sogar darum gebeten, „dass er da oben, ihn ja vor Ihnen holt!" Sein Gebet wurde - auch wenn er das jetzt nicht so gerne hören würde - erhört! Kann somit hier nicht doch von Gnade

---

[62] Lutherbibel, revidierter Text 1984, durchgesehene Ausgabe, © 1999 Deutsche Bibelgesellschaft, Stuttgart.

gesprochen werden? 45 ¾ Jahre lang haben Sie sich gekannt! (Er lernte Sie kennen, als Sie mit Ihrem Sohn schwanger gingen.) 37 Jahre lang sind Sie verheiratet gewesen. Er war immer für die Familie da, sagten Sie. Ist das nicht auch Grund zu Dankbarkeit und Freude? Sie haben, so wie es im Trauversprechen lautet, „in guten und in schweren Zeiten“ zusammengehalten. Sie sind gemeinsam „durch Dick und Dünn“ gegangen. Bis zum Schluss haben Sie auch Ihrem „E.-er Stammlokal“ die Treue gehalten, welches Sie bereits besuchten, als Sie noch zusammen „poussierten“! Wie Sie so schön sagten, waren Sie sein „anderes Ich“ und er war Ihr „anderes Ich“. (Bzw. in Ihren Worten: er war Ihr „Futz“ und Sie sein „Fützchen“). Dies war seine Art und Weise, Ihnen seine Gefühle zu zeigen, wie mit dem Geschenk des „Mausebärchens“ als „Dankeschön für alles“! Er gab Ihnen die Hand oder „unverhofft mal ein Küsschen“. Sie haben sich beide auch ohne Worte verstanden. So geben Sie ihm heute seine Lieblingsblumen mit auf den letzten Weg: rote Nelken, wie Sie sie auch an Ihrem Brautstrauß hatten. Ihrem Gefühl nach, so sagten Sie, sei er „jetzt noch da!“ Sie sehen ihn noch überall vor sich und werden ihn nicht vergessen. Er würde jetzt tröstend zu Ihnen sagen: „Denk´dran, mir geht´s jetzt besser!“ Und ich möchte Ihnen allen nun zusprechen: „Den Abend lang währet das Weinen, aber des Morgens ist Freude.“

Und der Friede Gottes, der höher ist als all´unsere menschliche Vernunft, der bewahre unsere Herzen und Sinne in Christus Jesus. Amen.

(8) Genesis 34,3[63]

Liebe Frau F., liebe Angehörigen, liebe Trauergemeinde.

[63] (9.5.2005)

54 Jahre ist es her, dass der „Monsieur“ zu Ihnen, Frau F., kam und Sie fragte: „Darf ich Sie begleiten?“ Ihnen war seine Begleitung angenehm - und so dauerte sie über ein halbes Jahrhundert an. Nach seiner Frage an Sie: „Sollen wir uns mal treffen?“ wurde aus einem Treffen in K. auf einer Bank am R. ein lebenslanges Stelldichein, eine Ehe, die 53 Jahre lang andauern durfte. Vor drei Jahren konnten Sie - gemeinsam mit der gesamten Verwandtschaft - Ihre Goldhochzeit miteinander feiern. Aus dieser Ehe gingen eine Tochter und drei Enkel hervor, inzwischen sogar schon 6 Urenkel. Im August wollten Sie noch gemeinsam Ihre Geburtstage feiern, doch dann kam plötzlich und unerwartet sein H.I. dazwischen, aus dem Koma ist er dann schließlich doch nicht mehr aufgewacht. Jetzt müssen Sie ihn gehen lassen, loslassen. Voller Dankbarkeit können Sie auf ein halbes Jahrhundert gemeinsamen Weges zurückschauen und sich an seine Begleitung erinnern, die folgender Bibelvers (Genesis 34,3) wiederzugeben vermag:

Und sein Herz hing an ihr, und er hatte das Mädchen lieb und redete freundlich mit ihr.[64]

So, wie Sie ihn schilderten, mag er, wie wortkarg er auch immer gewesen sein mag, sehr mit seinem Herzen an Ihnen gehangen haben, Sie liebgehabt haben und freundlich mit Ihnen gesprochen haben, wusste er doch, dass er bei Ihnen „zu Hause am besten versorgt“ war. Dort, wo er jetzt weilt, werden weder Atemnot noch Schmerzen ihn plagen, wird er ebenfalls gut versorgt sein. Sie erzählten, dass er in letzter Zeit viel schlafen wollte: seine Ruhe hat er nun gefunden.

Und der Friede Gottes, der höher ist als all´ unsere menschliche Vernunft, der bewahre unsere Herzen und Sinne in Christus Jesus. Amen.

---

[64] Lutherbibel, revidierter Text 1984, durchgesehene Ausgabe, © 1999 Deutsche Bibelgesellschaft, Stuttgart.

(9) Judith 13,20a[65]

Liebe Frau B., liebe Angehörige, liebe Trauergemeinde.

Vor 65 Jahren wurde Frau B. in E. konfirmiert. Auf ihre „eiserne Konfirmation" hat sie sich sehr gefreut. Doch wird sie daran nicht mehr teilnehmen können. Im Alter von 79 Jahren ist sie vor 2 Wochen verstorben. Genau einen Monat nach ihrem Geburtstag, genau einen Monat und drei Tage nach dem Tod ihrer Freundin und Hündin „B.". Frau B. hat sich eine fröhliche Beerdigung gewünscht, keine traurige. Sie wünschte sich, dass ihre Hinterbliebenen lachen und nicht weinen müssen. Allabendlich hat Sie Ihnen, Frau B., und Ihrer Freundin zum Abschied am Telefon für den nächsten Tag alles Gute gewünscht und dass Ihnen nichts Schlimmes passiert. Dieser Wunsch gilt Ihnen noch über den Tod hinaus. Sie, Frau B., haben darum gebeten, dass dieser Wunsch - der Wunsch Ihrer Mutter - hier und heute an alle Anwesenden weitergegeben wird. Für Frau B. galt folgender Spruch aus der Bibel (Judith 13,20a):

So wahr der Herr lebt, hat er mich durch seinen Engel behütet [...].[66]

Ein Spruch, der Dankbarkeit und Zuversicht auszudrücken vermag. „So wahr der Herr lebt, hat er mich durch seinen Engel behütet." Diese fröhliche Zuversicht möchte ich nun Ihnen allen zusprechen. Gott, der Herr, vermag uns alle durch seine(n) Engel zu behüten und zu bewahren, dass uns nichts Arges zustoßen mag.

---

[65] (12.5.2005)

[66] Lutherbibel, revidierter Text 1984, durchgesehene Ausgabe, © 1999 Deutsche Bibelgesellschaft, Stuttgart.

Und der Friede Gottes, der höher ist als all´ unsere menschliche Vernunft, der bewahre unsere Herzen und Sinne in Christus Jesus. Amen.

(10) Psalm 131,2[67]

Liebe Frau M., liebe Angehörige, liebe Trauergemeinde.

Jede und jeder von Ihnen hat D. M. gekannt, manche unter Ihnen kannten ihn bereits seit seiner Kindheit. Er wurde in B. geboren, wuchs hier in K. auf, erlernte den Beruf des F.-meisters und übernahm das F.-geschäft, das bereits sein Vater und vor ihm sein Großvater innehatten, einen echten K.-H.er Traditionsbetrieb. In diesem, seinem F.-laden lernten Sie, Frau M., Ihren späteren Mann dann auch kennen. Für ihn gaben Sie Ihren Mädchen-Namen und Ihren B.er Stadtteil auf und zogen zu ihm, hierher nach „K.". Im Oktober 19xx haben Sie beide geheiratet. Sie sagten, es sei eine gute Ehe gewesen; Sie haben sich beide ergänzt: Sie in Ihrem Engagement und er mit seiner Gemütsruhe. Im Jahr Ihrer Silberhochzeit (19xx) haben Sie in direkter Nachbarschaft zu seinem Laden Ihre K. eröffnet, das „H. d. H.", benannt nach Ihrem Geburtsnamen bzw. dem Familiennamen Ihres Vaters. Aus Liebe zu Ihnen gab Ihr Mann vor wenigen Jahren seinen Laden auf und stieg mit Ihnen in Ihre K. ein. So konnten Sie sich auch in Ihrer gemeinsamen Arbeit ergänzen. Gemeinsam konnten Sie auch seine Krankheit in den Griff bekommen. Doch nun ist alles anders gekommen, als Sie es sich gemeinsam erhofft hatten: Vor einem Monat starb Ihr Vater und nun müssen Sie auch noch den plötzlichen Tod Ihres Mannes verkraften, der in keiner Weise vorhersehbar war. „Da fehlt was!", sagten Sie zu Recht. Die Ruhe, die er für sie ausstrahlte, gilt es nun für Sie zu finden. In den Psalmen heißt es (131,2):

[67] (8.6.2005)

Fürwahr, meine Seele ist still und ruhig geworden wie ein kleines Kind bei seiner Mutter; wie ein kleines Kind, so ist meine Seele in mir.[68]

Diese Ruhe, die Seelenruhe, - die wahre Stille der Seele - in Ihnen, möge sein, wie es in diesem Psalmwort lautet, wie die eines kleines Kind bei seiner Mutter: geborgen, voller Vertrauen, aufgehoben, in den Armen gewiegt, angeschmiegt, beschützt. D. M. hat diese Ruhe erlangt und diese Seelenruhe ist uns allen zu wünschen. „Fürwahr, meine Seele ist still und ruhig geworden wie ein kleines Kind bei seiner Mutter; wie ein kleines Kind, so ist meine Seele in mir."

Und der Friede Gottes, der höher ist als all´ unsere menschliche Vernunft, der bewahre unsere Herzen und Sinne in Christus Jesus. Amen.

(11) Jesaja 64,1a[69]

Liebe Frau S., liebe Familie S., liebe Angehörige, liebe Trauergemeinde.

R. S. ist plötzlich verstorben. Wie es oft in Traueranzeigen lautet: „Plötzlich und (beinahe!) unerwartet". Er selbst hat den Moment seines Todes anscheinend kommen gesehen. Hat er doch einen Abschiedsbrief hinterlassen, den Sie, Frau S., kurz vor der Abreise von I., finden mussten, in dem kleinen Büchlein, in dem alle wichtigen Geschehnisse vermerkt wurden. So auch sein Sterben. Er hat seinem Tod bewusst entgegengelebt. Trotz oder gerade auch wegen und in aller Krankheit. Vierzig Jahre lang hat er tapfer gegen seine Krankheit angekämpft, mit ihr ums Leben gerungen. Der ihm bevorstehenden D. ist er nun entkommen. Er wählte einen anderen Abschied. Auch Sie, Frau

[68] Lutherbibel, revidierter Text 1984, durchgesehene Ausgabe, © 1999 Deutsche Bibelgesellschaft, Stuttgart.
[69] (15.12.2005)

S., waren auf Abschied eingestimmt. Doch nur auf den vorübergehenden Abschied von I., von Ihrem Ferienort, von Ihrem frisch renovierten Haus. Die Arbeit war vollbracht, alle wichtigen Dinge waren erledigt, der Gashahn war abgedreht. Die Koffer waren gepackt. Noch ein letztes Mal wollten Sie einen Rundgang machen. Einen letzten Kontrollgang, um sich zu vergewissern, dass auch ja alles in Ordnung ist. Als Sie auch diesen, letzten Gang getätigt hatten, fanden Sie dann „plötzlich und unerwartet“ Ihren Mann auf der Terrasse vor. Tot. Er hat seine letzte Reise angetreten. Die Rückreise nach D. hatten Sie nun alleine vor sich. Und heute, da Sie ihn endlich noch einmal bei sich wissen, müssen Sie sich endgültig von ihm, Ihrem Mann, verabschieden. Ihre Zukunft wird nun eine andere sein als die, die Sie beide sich gemeinsam vorgenommen hatten. In der Bibel ist ebenfalls von einem Ereignis die Rede, das plötzlich eintreffen soll: Die Herabkunft Gottes, des Herrn. Der Beter im Buch Jesaja betet voller Inbrunst zu Gott (Jesaja 64,1a):

Reiß doch den Himmel auf und komm herab, dass die Berge vor dir erbeben! Komm plötzlich, komm mit großer Macht [...]![70]

Genau in dieses Gebet können und dürfen wir einstimmen. Gerade in dieser Jahreszeit, gerade jetzt im Advent. Wir erwarten die Ankunft Gottes, des Retters der Welt. Er soll herabsteigen aus den Wolken, aus dem fernen Himmel, herabkommen auf unsere Erde, mitten in unsere Welt. „Plötzlich und mit großer Macht!“ Unser Leben soll eine Wendung nehmen. Ein Weg hinaus aus der Begrenztheit, eine Öffnung des Horizontes steht uns bevor. Die Erde soll erschüttert werden, die Berge sollen erbeben – vor Ehrfurcht.

Und der Friede Gottes, der höher ist als all unsere menschliche Vernunft, der bewahre unsere Herzen und Sinne in Christus Jesus. Amen.

---

[70] Gute Nachricht Bibel, revidierte Fassung, durchgesehene Ausgabe, © 2000 Deutsche Bibelgesellschaft, Stuttgart.

(12) Psalm 25,4[71]

Ich mag allein nicht gehen, nicht einen Schritt: Wo du wirst gehen und stehen, da nimm mich mit. Wenn ich auch gleich nichts fühle von deiner Macht, du führst mich doch zum Ziele auch durch die Nacht: so nimm denn meine Hände und führe mich bis an mein selig Ende und ewiglich! (EG 376, 1c.3).

Liebe Frau G., liebe Angehörige, liebe Trauergemeinde.

In Psalm 25 heißt es in Vers 4:

HERR, zeige mir deine Wege und lehre mich deine Steige![72]

Der Beter dieses Psalmwortes bittet Gott um sein gutes Geleit. Er, der sich auf seinem Weg nicht mehr zurecht zu finden vermag, hofft darauf, dass Gott ihm den rechten Weg zeigen wird und ihm, Schritt für Schritt helfen wird, seinen Weg gehen zu können. Wir sind hier versammelt, weil jemand aus unserer Mitte seinen Weg zu Ende gegangen ist. Ihr Mann, Ihr Vater, Ihr Zwillingsbruder, Ihr Bruder, Ihr Schwager, Ihr Onkel, Ihr Nachbar, Ihr Freund. Herr S. G. ist am Ende seines Weges angekommen. Er hat eine lange Wegstrecke hinter sich gebracht. Sein Lebens-Weg führte ihn vom elterlichen Hof im O.en M. über Umwege hierher nach S. ins B. Dieser Weg war nicht immer leicht für ihn, war er doch auch durch Krankheit und so manchen Verlust geprägt: durch den Tod seiner Mutter, seiner beiden Brüder, durch den Tod seines Vaters. Er verließ auch Heimat und fand bald ein neues Zuhause. Nachdem er seinen Beruf erlernt hatte, fand er die „Frau seines Lebens“ und grün-

---

[71] (1.3.2006)

[72] Lutherbibel, revidierter Text 1984, durchgesehene Ausgabe, © 1999 Deutsche Bibelgesellschaft, Stuttgart.

dete mit ihr, mit Ihnen, Frau G., seine eigene Familie. Fast so, wie es biblisch lautet (Genesis 2,24):

Darum wird ein Mann seinen Vater und seine Mutter verlassen und seiner Frau anhangen, und sie werden sein ein Fleisch.[73]

Beinahe hätten Sie noch Ihren x. Hochzeitstag feiern können, doch hat sein Lebensweg einen anderen Verlauf genommen, als Sie es sich beide gewünscht und erhofft hatten. Bereits im Römerbrief heißt es (Römer 11,33):

O welch eine Tiefe des Reichtums, beides, der Weisheit und der Erkenntnis Gottes! Wie unbegreiflich sind seine Gerichte und unerforschlich seine Wege![74]

Herr S. G. ist am Ziel seines Weges angelangt. Doch Sie, liebe Frau G., liebe Angehörige, haben Ihren Weg noch vor sich. Einen Weg, den Sie nun ohne Ihren Mann, Ihren Vater, Ihren Bruder weitergehen müssen. Zu diesem Anlass, haben Sie, liebe Frau G., mich gebeten, hier und heute das folgende Trostwort vorzulesen: Es lautet: Auf der anderen Seite des Weges:
„Ich bin in das Zimmer nebenan gegangen. Das, was ich für euch war, bin ich immer noch. Gebt mir den Namen, den ihr mir gegeben habt. Sprecht mit mir, wie ihr es immer getan habt. Gebraucht keine andere Redeweise, seid nicht feierlich oder traurig, lacht weiter über das, worüber wir gelacht haben. Betet, lacht, denkt an mich. Warum soll ich nicht mehr in euren Gedanken sein, nur weil ich nicht mehr in eurem Blickfeld bin? Ich bin nicht weit weg. Ich bin nur auf der anderen Seite des Weges.“ (nach Charles Peguy).
In diesem Sinne werden wir auch gleich voller Vertrauen die Worte singen:

[73] Lutherbibel, revidierter Text 1984, durchgesehene Ausgabe, © 1999 Deutsche Bibelgesellschaft, Stuttgart.
[74] Lutherbibel, revidierter Text 1984, durchgesehene Ausgabe, © 1999 Deutsche Bibelgesellschaft, Stuttgart.

„Weiß ich den Weg auch nicht, du weißt ihn wohl, das macht die Seele still und friedevoll. Du weißt den Weg ja doch, du weißt die Zeit, dein Plan ist fertig schon und liegt bereit. Drum wart ich still, dein Wort ist ohne Trug. Du weißt den Weg für mich, das ist genug." (EG 650, 1a.2a.3c).
Und, wenn es uns einmal schwer fallen sollte, den nächsten Schritt unseres Weges zu gehen, so dürfen wir getrost in das Gebet des Psalmisten einstimmen, der seine Stimme zu Gott erhebt und bittet: „Herr, zeige mir deine Wege und lehre mich deine Steige!"

Und der Friede Gottes, der höher ist als all´ unsere menschliche Vernunft, der bewahre unsere Herzen und Sinne in Christus Jesus. Amen.

(13) Josua 24,15b[75]

Liebe Familie K., liebe Angehörige, liebe Trauergemeinde.

Im Buch Josua heißt es (Josua 24,15b):

Ich aber und mein Haus wollen dem HERRN dienen.[76]

Diesen biblischen Spruch wählte I. H., damals noch geborene F., zum Trauspruch und stellte ihn damit als Motto über ihre Ehe, über ihr Haus in der W.-Siedlung und somit auch über Sie, ihre Söhne und Töchter. In diesem Haus in der W.-Siedlung leben nun auch Sie, liebes Ehepaar K., und unter den Trauspruch Ihrer Eltern stellten auch Sie Ihre Ehe. „Ich aber und mein Haus wollen dem Herrn dienen." Dieses Haus in der W.-siedlung war und ist Ihnen mehr als eine bloße Behausung. Sie leben dort bereits von Geburt an,

---

[75] (10.7.2006)
[76] Lutherbibel, revidierter Text 1984, durchgesehene Ausgabe, © 1999 Deutsche Bibelgesellschaft, Stuttgart.

damals noch mit Ihren Eltern und Geschwistern. Viele Verwandte und Bekannte gingen bei Ihnen ein und aus; ihr Haus war Dreh- und Angelpunkt des Familien-Lebens. Sie alle wurden älter, verließen nach und nach das Haus, zuerst die Schwester, dann die beiden Brüder. Als dann vor 9 Jahren Ihr Vater verstarb, wurde es sogar für Frau H., das Familien-Oberhaupt, ein wenig einsam in dem lebenserfüllten Haus. Sie begann fortan, sich mehr und mehr zurückzuziehen in ihr Eigenleben, in ihre Erinnerung an ihren geliebten Mann. Zu ihm hin strebte sie, bei ihm wollte sie sein und heute wird sie neben ihrem Mann eingebettet. Noch vor kurzem hat sie ihren 75. Geburtstag erleben können, ein Drei-Viertel-Jahrhundert durfte sie auf Erden weilen, ein Zuhause finden in Gott, in ihrer Familie, in ihrem Haus in der W.-Siedlung. Nun beginnt für Sie alle ein neuer Lebensabschnitt: ein neues Kapitel – ohne ihre Mutter. Nach wie vor ist das Haus in der W.-siedlung Sammelpunkt für Heimkehrer und Besucher. Vielleicht errichten Sie eine Tafel über der Eingangstür des Hauses mit dem Vers: „Ich aber und mein Haus wollen dem Herrn dienen." Dieser Vers kann Ihnen als Erinnerung dienen an I. H. und ihr Lebensmotto, an die Entschlossenheit, Gott dem Herrn zu dienen, nicht nur als Einzelperson, sondern mit dem gesamten Lebenshaus – mit allem, was dazugehört, mit allen, die dazugehören. Sodass der Vers nicht nur als Überschrift über Ihrer Eheschließung steht, sondern auch darüber hinaus wirken möge, auf dass jeder erkenne, auf Ihrem Haus ruht der Segen des Verses: „Ich aber und mein Haus wollen dem Herrn dienen."

Und der Friede Gottes, der höher ist als all´ unsere menschliche Vernunft, bewahre unsere Herzen und Sinne in Christus Jesus. Amen.

(14) Klagelieder 5,21[77]

[77] (3.7.2007)

Liebe Familie K., liebe Angehörigen.

Frau L. E. ist verstorben. Ihre Mutter, Schwiegermutter, Großmutter, „Tante“ ist tot. Letzten Dienstag ist ihr Herz zum Stillstand gekommen. Nachdem sie sich aus jahrelanger Gewohnheit frühmorgens noch „etwas Warmes zu trinken“ bereitet hatte, setzte sie sich auf ihr Bett und kippte dann einfach um. Ihre Tasche war bereits „für die letzte Reise“ fertig-gepackt. Eine lange Lebensreise liegt hinter ihr: Auf einem Bauernhof in N. / O. geboren, floh sie mit ihrer Mutter über das zugefrorene H. Auch (die als Schwester ausgegebene) Cousine „E.“ war mit dabei. Wären die drei auch nur einen Tag früher geflohen, hätte ihr Leben bereits früher ein Ende genommen, da bei strahlend schönem Wetter die Fliegerbomben fielen. Doch sie machten sich das trübe Wetter des folgenden Tages zunutze – und überlebten die Flucht. Auch die Kriegsgefangenschaft überlebte sie – sicherlich eine harte Zeit für sie, die sie für ihr weiteres Leben prägte. Ende der x.er Jahre lernte sie dann auf S. ihren späteren, aus S. stammenden Mann kennen, und Sie, Frau K., erblickten auf jener I. das Licht der Welt. 19xx zogen sie dann gemeinsam südwärts nach S., wo Ihr Vater, Frau K., als F.-meister sein Geschäft inmitten des neuen H.s in Betrieb nehmen konnte. In S. konnten sich Ihre Eltern dann ihren Heimat-Traum verwirklichen: Sie erwarben sich ein eigenes Grundstück, hoben aus Leibeskräften auf „Ihrem Hektar Land“ mehrere Fischteiche aus und konnten dort sogar (wie früher in Ihrer Heimat) Boot fahren. Knapp dreißig Jahre währte diese Idylle an, bis dann Ihr Vater 19xx verstarb. Fünf Jahre später lernte Ihre Mutter dann noch einmal einen neuen Lebenspartner („O.“) kennen, mit dem sie ein weiteres gemeinsames Lebensjahrzehnt in S. verbrachte, der dann aber 20xx verstarb. Schließlich kam sie zu Ihnen ins Haus, bezog darin in ihre eigene Wohnung, in der sie bis zum Schluss auch eigenständig ihren Haushalt führen konnte. Bis sie dann krank wurde. Im Krankenhaus wurde dann festgestellt, wie krank sie ist (L.-K.) und dass ihr voraussichtlich nicht mehr lange Zeit zum Leben bleiben würde. Sie, Familie K., hatten bereits mit dem Gedanken gespielt, ihr noch einige schöne Monate im Haus B. zu ermöglichen, auch, um selbst noch einmal in Ruhe durchatmen zu können. Sie, Herr K., erzählten, wie sehr Ihre Schwiegermutter strahlte und sich bedankte, als Sie ihr „Bücher aus der Heimat" geschenkt haben, da ihr Herz doch sehr an ihrer Heimat hing. Zu Ihnen, Frau K., sagte sie noch: „Weine nicht, ich will sterben!" So hat sie sich nun aufgemacht, ihren letzten Umzug (ihre letzte Flucht) anzutreten. Auf dem Weg in ihr ureigenes Zuhause. Vielleicht tat sie es mit einem Gebet auf den Lippen und den Worten der Bibel, wie es heißt in den Klageliedern Jeremias, Kapitel 5, Vers 21:

Bringe uns, HERR, wieder zu dir zurück, dass wir wieder heimkommen; erneure unsre Tage wie vor alters![78]

Und der Friede Gottes, der höher ist als all´unsere menschliche Vernunft, der bewahre unsere Herzen und Sinne in Christus Jesus. Amen.

(15) Genesis 24,56a[79]

Liebe Familie K., liebe Trauergemeinde.

Gegen Ende ging dann alles sehr schnell. Frau M. hatte starke Schmerzen. Vor drei Wochen kam sie wegen eines M.s ins Krankenhaus nach W. Als dort das G. ausgetrocknet werden konnte, durfte sie wieder nach Hause. Dann schmerzte ihr krampfartig das B., bis sie darin „kein Gefühl mehr hatte". Mit Verdacht auf „Krampf" kam sie dann ins M.-krankenhaus nach B. Wurde aber schließlich wegen eines A.-verschlusses ins E.-Krankenhaus überwiesen. Dort fand dann vergangene Woche die routinegemäße Operation statt, nach

[78] Lutherbibel, revidierter Text 1984, durchgesehene Ausgabe, © 1999 Deutsche Bibelgesellschaft, Stuttgart.
[79] (3.7.2007)

der es ihr wieder gut ging. Doch dann war plötzlich die Rede von einer Not-Operation und künstlichem Koma, von schwachem Herz, schwacher L. und geschädigten N. Aus diesem Koma ist sie gar nicht mehr aufgewacht. In der Nacht von Mittwoch auf Donnerstag ist sie einfach eingeschlafen. Nicht nur die Krankenhausaufenthalte zeugen von ihrer großen Reise-Lust. Auch in jüngeren Jahren war ihr Leben durch ihre vielfältigen Reisen gekennzeichnet: In N. geboren, zog es sie mit ihrer Mutter gemeinsam nach K. Im Krieg wurde sie dort mit ihrer Mutter ausgebombt und lebte in Evakuation 7 Jahre lang in S., wo Sie, Frau K., und Ihre Familie, dann „die Tante B." und ihre Tochter „L." aufgenommen haben. Im Laufe der Jahre entwickelte sich daraus eine freundschaftliche Beziehung, die bis zum heutigen Tage angedauert hat. Aus dieser Freundschaft heraus haben Sie auch, Familie K., Frau M. erneut bei sich aufgenommen, als klar wurde, dass sie nicht mehr allein in K. leben konnte. Sie waren sozusagen ihr letzter und einziger Familien-Anschluss. So lebten Sie in „S. xy" quasi in einem Vier-Generationen-Haushalt. Frau M. wusste darum, wie sehr sie Ihre Familie in Anspruch genommen hat. Sie wusste, wie sehr insbesondere Sie sich, Frau K., um sie gekümmert haben. Darum sagte sie auch zu Ihnen: „Bald kannst du beruhigt in Urlaub fahren. Das hast du dir verdient"! Und Sie sagten zu Ihr, noch kurz vor der Operation und der bevorstehenden Narkose: „Da kannst du von deinen vielen Reisen träumen, die du schon gemacht hast!" Und sie antwortete: „Ja, das mach´ ich!" So hat sie nun gleichsam ihre letzte Reise angetreten und antwortet Ihnen stellvertretend mit den Worten der Bibel (aus dem ersten Buch Mose, Kapitel 24, Vers 56a):

[...] Haltet mich nicht auf; denn der HERR hat Gnade zu meiner Reise gegeben. [...][80]

[80] Lutherbibel, revidierter Text 1984, durchgesehene Ausgabe, © 1999 Deutsche Bibelgesellschaft, Stuttgart.

Und der Friede Gottes, der höher ist als all´ unsere menschliche Vernunft, bewahre unsere Herzen und Sinne in Christus Jesus. Amen!

(16) Psalm 9,2f.[81]

Liebe Frau K., liebe Angehörige, liebe Trauergemeinde!

Ich danke dem HERRN von ganzem Herzen und erzähle alle deine Wunder. Ich freue mich und bin fröhlich in dir und lobe deinen Namen, du Allerhöchster [...].[82]

So lautete Ihr Hochzeits-Spruch aus Psalm 9, die Verse 2 und 3. Damals wurden Sie mit dem Kommentar abgespeist, dieser Spruch eigne sich höchstens für eine Beerdigung, jedoch nicht für eine Trauung! Dennoch blieben Sie bei Ihrer Entscheidung. Und heute können Sie diese beiden Psalm-Verse dann auch anlässlich einer Trauerfeier anwenden, einer Trauerfeier, die dennoch voller Dank und Freude sein darf, nicht, weil sie froh sind, Ihren Mann, Vater, Großvater, Schwiegervater, Bruder, Schwager, Onkel, Cousin, Freund oder Nachbar verloren zu haben, sondern weil nun sein Leiden an der Krankheit, die ihm bis zum Schluss zu schaffen machte, ein Ende gefunden hat. Wie sehr ihm diese Krankheit zusetzte, lässt auch das letzte Wort erkennen, das er aussprach. Es lautete: „Absaugen!“ Bis zum Schluss konnte W. K. seine Krankheit nicht akzeptieren. Er wollte sie nicht annehmen, sondern sich ihr gegenüber zur Wehr setzen. Sie war sein größter Gegner. Und Sie, Frau K., haben ihn gepflegt. Sagte er auch, er habe sie sein Leben lang hegen und pflegen müssen, so hat sich dieses Verhältnis, gerade gegen Ende, völlig umgekehrt. Sie haben ihn umsorgt, waren Tag und Nacht für ihn da, haben

[81] (13.7.2007)

[82] Lutherbibel, revidierter Text 1984, durchgesehene Ausgabe, © 1999 Deutsche Bibelgesellschaft, Stuttgart.

ihm alles gegeben, was ein Mensch zu geben vermag. Sie formulierten es selbst so: Er war „das Hirn“, Sie waren „der Macher“. Sie waren quasi stellvertretend seine Hand, sein Arm, seine Beine, ja, sein ganzer Körper. Sie haben einander geliebt, ihre Beziehung bezeichneten Sie als „amour foux“! Sie haben sich einander ergänzen können, so, dass niemand von Ihnen Mangel leiden musste. Und wie Sie beide mit jenem neunten Psalm ihr Eheleben an einem Freitag, den dreizehnten, begannen, so bringen Sie nun mit eben jenem Psalm eine lange Phase des gemeinsamen Lebens auch an einem Freitag, den dreizehnten zu einem Abschluss. Dass damit keineswegs alle Erinnerungen ausgelöscht sind, und W. K. nach wie vor „unter ihnen“ ganz präsent ist, haben Sie selbst schon erlebt, als sie in der ersten Nacht nach seinem Ableben, exakt zur Todesstunde aufwachten. Denken Sie voller Dank an ihn zurück und an das Wunder Ihrer wundervollen Beziehung, aus der Ihre drei Töchter hervorgehen konnten: K., S. und A., die ebenfalls, wie jede und jeder hier Anwesende, ihren Vater, W. K. in herzlicher Erinnerung behalten werden. So schließe ich die Andacht wiederum wie sie begonnen hat, mit jenen Versen aus Psalm 9: „Ich danke dem Herrn von ganzem Herzen und erzähle alle deine Wunder. Ich freue mich und bin fröhlich in dir und lobe deinen Namen, du Allerhöchster.“

Und der Friede Gottes, der höher ist als all´ unsere menschliche Vernunft, der bewahre unsere Herzen und Sinne in Christus Jesus. Amen.

(17) Offenbarung 2,10c[83]

Liebe Familien B., liebe Angehörige, liebe Trauergemeinde!

[83] (24.7.2007)

Ihre Mutter, Schwiegermutter, Großmutter, Urgroßmutter, Schwester, Tante, Freundin, Nachbarin, Frau M. B., geborene M., ist gestorben. Noch vor wenigen Monaten hätte niemand damit gerechnet, war sie doch noch sehr rüstig und selbständig. Dann wurden unverhofft G.e festgestellt und sollten routinemäßig entfernt werden. Und damit begann die Odyssee der Komplikationen: M. wurde diagnostiziert, ein Stückchen vom M. sollte bei der G.-OP gleich mit entfernt werden. Dann hieß es plötzlich, der M. sei gänzlich entfernt, und die M. gleich mit. [„Dieses war der erste Streich."] (Leider war der M.-ersatz aus D. falsch vernäht bzw. komplett zugenäht worden, so dass Frau B. quasi gegen Ende „verhungern" musste. [„Dieses war der letzte Streich."]) Nach einigen Monaten des Aufenthaltes in der Reha[bilitationsklinik] sollte sie dann die Ostertage bei ihrem jüngsten Sohn in K.(-B.) verbringen. Am Gründonnerstag wurde sie abgeholt, doch schon am Karsamstag musste sie wieder ins Krankenhaus. Sie konnte keine Nahrung behalten und brach zusammen. Und dann verschlechterte sich ihr Zustand rapide. Sie fragte: „Warum lassen die mich nicht in Ruhe? Es hat doch sowieso keinen Sinn mehr!" Und sagte: „Ich kann nicht mehr!" Sie, die engsten Angehörigen, Söhne, Schwiegertöchter und Enkel, haben dann einen „Oma-Dienstplan" entworfen und insbesondere gegen Ende 24 Stunden vor Ort am Krankenbett, bzw. dann am Sterbebett verbracht und Frau B. fürsorglich Beistand geleistet. Schließlich ist sie dann am vergangenen Mittwoch, morgens um viertel vor neun, mit einem Lächeln auf den Lippen, schmerzlos und voller Ruhe selig eingeschlafen. Dieses Beisammensein hat sie alle noch einmal „so richtig zusammengeschweißt". Frau B. wurde somit gegen Ende noch einmal, wie im übrigen Leben auch schon, zum Zentrum der Familie. Als Trauerspruch haben Sie sich entschlossen, ihr den Vers mitzugeben, der sie bereits seit über einem halben Jahrhundert begleitet hat. Einen Vers aus dem Buch der Offenbarung (Kapitel 2, Vers 10c). Er war bereits Trauvers im Jahre 19xx in G. und wurde im April 19xx hier in der D. auch anlässlich der Silberhochzeit Ihrer Eltern „zum Jubelvers erkoren". Er lautet:

Sei getreu bis an den Tod, so will ich dir die Krone des Lebens geben.[84]

Ihre Mutter war treu: A) Ihrem Ehemann, der vor 12 Jahren im Januar (an L.) verstarb. B) Ihren Geschwistern, den 3 Brüdern und insbesondere den 3 Schwestern, von denen eine im vergangenen Jahr verstarb und ihre liebste „Tante G." vor sechs Jahren verstorben ist und deren Tod sie ein erstes Mal zusammenbrechen ließ; nun lebt von den sieben Kindern nur noch die jüngste Schwester (die mit einer K.-OP im Krankenhaus liegt). C) Ihren Kindern: von denen der erstgeborene Sohn im Alter von 3 Monaten erstickte, ihm sollten vier weitere Söhne folgen. D) Ihren 10 Enkelkindern (im Alter von 8 bis 36 Jahren), von denen vor drei Jahren bereits ein Enkelsohn [P. in B.] tödlich verunglückte. E) Ihren 4 Urenkelchen (im Alter von 2 bis 5 Jahren), die sie bis zum Schluss noch zum Lachen bringen konnten, sei es per Telefon oder direkt am Sterbebett. Sie wollte zwar nicht mehr ins Krankenhaus, dennoch konnte sie froh sein – können Sie alle dankbar sein -, dass sie im M.-Krankenhaus in B. so liebevolle Pflege erfahren durfte und das gesamte Team der x.ten gereatrischen Station mit ihnen gebangt und gelitten, sie gestreichelt und getröstet hat, zur Schmerzlinderung und zur Beruhigung beizutragen verstand. Auch der Priester ist gekommen, als es soweit war, zu Gebet und Segen, und hat zu guter Begleitung beitragen können. Alles in allem können Sie allesamt auch stolz auf sich sein bzw. sagten ja am vergangenen Freitag selbst, Sie seien „stolz auf die Familie". Viele Operationen hatte Frau B. bereits hinter sich (eine H.-OP, eine T.-OP, eine L.-OP [bei der die halbe L. entfernt wurde], eine G.-OP). Alle hat sie gut verkraftet und „weggesteckt". Dass ausgerechnet nun eine „Bagatell-Operation" wie die der G.-Entfernung derart zum Verhängnis werden würde, damit hatte niemand gerechnet. Sie muss es wohl geahnt und gespürt haben, hat sie doch von ihrem Domizil in

[84] Lutherbibel, revidierter Text 1984, durchgesehene Ausgabe, © 1999 Deutsche Bibelgesellschaft, Stuttgart.

A. mit einem buchstäblichen Rück-Blick endgültig Abschied nehmen können. Und nun, nachdem „die B.s“ seit x Jahren in A. beheimatet waren, wird die Wohnung auch weiterhin ein „Lebenszentrum“ der Familie bleiben können, da die Enkelinnen M. (26) und N. (23) die Tradition ihrer Kniffel-spielenden und „Schumi“-schauenden Oma dort (rauchend) fortsetzen werden. Ihre Mutter, Schwiegermutter und Oma wollte niemals ein Pflegefall werden. Das ist ihr, „stur“ wie sie war, auch gelungen. Als sie wusste und auch aussprach, dass es „zu Ende geht“, hat sie die Augen geschlossen und nicht mehr aufgemacht. Nachdem sie sogar für ihre Nichten und ihre Enkelin zu einer Art „Ersatz-Mutter“ geworden war, als Mittelpunkt der Familie alle zusammenhielt, so durfte sie an ihrem eigenen Lebens-Ende noch einmal so viel Liebe erfahren, wie es nur selten einem Menschen (zumal in einer Klinik) vergönnt ist. Sie hat die Herzen ihrer Mitmenschen im Sturm erobert, sogar noch die ihrer Zimmergenossinnen im Krankenhaus. So werden Sie sie wohl auch in Erinnerung behalten können. Voller Dankbarkeit. Denn sie war „getreu bis in den Tod“, so wird sie nun auch „die Krone des Lebens“ erhalten.

Und der Friede Gottes, der höher ist als all´ unsere menschliche Vernunft, bewahre unsre Herzen und Sinne in Christus Jesus. Amen.

IV. Diverses:

(1) 1. Petrus 3,9[85]

Gemeindebriefandacht:

[85] (03.03.2004)

Liebe Gemeinde!

Der Monatsspruch für April lautet (1. Petrus 3,9):

Vergeltet Böses nicht mit Bösem, und gebt Beleidigungen nicht wieder zurück! Im Gegenteil, segnet eure Beleidiger, denn Gott hat euch dazu berufen, seinen Segen zu empfangen.[86]

Hier heißt es eben nicht mehr, wie es uns viel näher zu liegen scheint (Numeri 24,9b):

Gesegnet sei, wer dich segnet, und verflucht, wer dich verflucht![87]

(ähnlich Genesis 27,29c):

Verflucht sei, wer dir flucht; gesegnet sei, wer dich segnet![88]

sondern eher gegenteilig (Lukas 6,28):

Segnet, die euch verfluchen; bittet für die, die euch beleidigen.[89]

bzw. (Römer 12,14):

Segnet, die euch verfolgen; segnet, und flucht nicht.[90]

---

[86] Gute Nachricht Bibel, revidierte Fassung, durchgesehene Ausgabe, © 2000 Deutsche Bibelgesellschaft, Stuttgart.
[87] Lutherbibel, revidierter Text 1984, durchgesehene Ausgabe, © 1999 Deutsche Bibelgesellschaft, Stuttgart.
[88] Lutherbibel, revidierter Text 1984, durchgesehene Ausgabe, © 1999 Deutsche Bibelgesellschaft, Stuttgart.
[89] Lutherbibel, revidierter Text 1984, durchgesehene Ausgabe, © 1999 Deutsche Bibelgesellschaft, Stuttgart.
[90] Lutherbibel, revidierter Text 1984, durchgesehene Ausgabe, © 1999 Deutsche Bibelgesellschaft, Stuttgart.

Ebenso heißt es nicht (Sprüche 24,29b):

[...] Wie einer mir tut, so will ich ihm auch tun und einem jeglichen sein Tun vergelten.[91]

Oder (Deuteronomium 32,41b):

[...] so will ich mich rächen an meinen Feinden und denen, die mich hassen, vergelten.[92]

sondern im Gegenteil (Römer 12,17):

Vergeltet niemandem Böses mit Bösem. Seid auf Gutes bedacht gegenüber jedermann.[93]

bzw. (Sprüche 20,22):

Sprich nicht: „Ich will Böses vergelten!" Harre des HERRN, der wird dir helfen.[94]

Es heißt (1. Petrus 3,9): „Vergeltet Böses nicht mit Bösem und gebt Beleidigungen nicht wieder zurück! Im Gegenteil, segnet eure Beleidiger, denn Gott hat euch dazu berufen, seinen Segen zu empfangen.". Eine eigenartige Logik liegt diesem Satz zugrunde: Ihr seid dazu berufen, Gottes Segen zu empfan-

---

[91] Lutherbibel, revidierter Text 1984, durchgesehene Ausgabe, © 1999 Deutsche Bibelgesellschaft, Stuttgart.
[92] Lutherbibel, revidierter Text 1984, durchgesehene Ausgabe, © 1999 Deutsche Bibelgesellschaft, Stuttgart.
[93] Lutherbibel, revidierter Text 1984, durchgesehene Ausgabe, © 1999 Deutsche Bibelgesellschaft, Stuttgart.
[94] Lutherbibel, revidierter Text 1984, durchgesehene Ausgabe, © 1999 Deutsche Bibelgesellschaft, Stuttgart.

gen (- nicht dazu, böswillig Beleidigungen von euren Mitmenschen entgegenzunehmen). Wenn ihr dennoch Böses erhaltet oder Beleidigungen entgegengebracht bekommt, so gebt sie nicht wieder zurück (- sondern behaltet sie[?] bzw. verwandelt sie!). Weil ihr etwas Besseres bekommen habt, bekommen könnt und bekommen sollt, könnt ihr auch etwas Besseres zurückgeben: Statt Böses zurückzugeben oder Beleidigungen wieder zurückgeben zu müssen, könnt ihr, das was ihr bekommen habt geben: Den Segen Gottes! Was für ein eigenartiges Tauschgeschäft: Nicht, wie du mir, so ich dir, sondern: egal, was du mir gibst, wie bösartig es auch immer sein mag, ich gebe dir dafür den Segen Gottes zurück. Einen Versuch wäre es immerhin wert. Gerade in der Passionszeit. Auf denn! Zwar gilt (Sprüche 17,10):

Ein Scheltwort dringt tiefer bei dem Verständigen als hundert Schläge bei dem Toren.[95]

doch gilt darüber hinaus (1. Korinther 7,15c):

[...] Zum Frieden hat euch Gott berufen.[96]

Gesegnete Passions- und Osterzeit!
S.G. (Vikarin in D.).

(2) 2. Könige 5,1-15[97]

Weltgebetstag der Frauen zum Thema: „Lasst uns Licht sein!"

---

[95] Lutherbibel, revidierter Text 1984, durchgesehene Ausgabe, © 1999 Deutsche Bibelgesellschaft, Stuttgart.
[96] Lutherbibel, revidierter Text 1984, durchgesehene Ausgabe, © 1999 Deutsche Bibelgesellschaft, Stuttgart.
[97] (04.03.2005)

Ich lese aus 2. Könige 5, die Verse 1 bis 15:

Naaman, der Feldhauptmann des Königs von Aram, war ein trefflicher Mann vor seinem Herrn und wert gehalten; denn durch ihn gab der HERR den Aramäern Sieg. Und er war ein gewaltiger Mann, jedoch aussätzig. Aber die Kriegsleute der Aramäer waren ausgezogen und hatten ein junges Mädchen weggeführt aus dem Lande Israel; die war im Dienst der Frau Naamans. Die sprach zu ihrer Herrin: Ach, dass mein Herr wäre bei dem Propheten in Samaria! Der könnte ihn von seinem Aussatz befreien. Da ging Naaman hinein zu seinem Herrn und sagte es ihm an und sprach: So und so hat das Mädchen aus dem Lande Israel geredet. Der König von Aram sprach: So zieh hin, ich will dem König von Israel einen Brief schreiben. Und er zog hin und nahm mit sich zehn Zentner Silber und sechstausend Goldgulden und zehn Feierkleider und brachte den Brief dem König von Israel; der lautete: Wenn dieser Brief zu dir kommt, siehe, so wisse, ich habe meinen Knecht Naaman zu dir gesandt, damit du ihn von seinem Aussatz befreist. Und als der König von Israel den Brief las, zerriss er seine Kleider und sprach: Bin ich denn Gott, dass ich töten und lebendig machen könnte, dass er zu mir schickt, ich solle den Mann von seinem Aussatz befreien? Merkt und seht, wie er Streit mit mir sucht! Als Elisa, der Mann Gottes, hörte, dass der König von Israel seine Kleider zerrissen hatte, sandte er zu ihm und ließ ihm sagen: Warum hast du deine Kleider zerrissen? Lass ihn zu mir kommen, damit er innewerde, dass ein Prophet in Israel ist. So kam Naaman mit Rossen und Wagen und hielt vor der Tür am Hause Elisas. Da sandte Elisa einen Boten zu ihm und ließ ihm sagen: Geh hin und wasche dich siebenmal im Jordan, so wird dir dein Fleisch wieder heil und du wirst rein werden. Da wurde Naaman zornig und zog weg und sprach: Ich meinte, er selbst sollte zu mir herauskommen und hertreten und den Namen des HERRN, seines Gottes, anrufen und seine Hand hin zum Heiligtum erheben und mich so von dem Aussatz befreien. Sind nicht die Flüsse von Damaskus, Abana und Parpar, besser als alle

Wasser in Israel, sodass ich mich in ihnen waschen und rein werden könnte? Und er wandte sich und zog weg im Zorn. Da machten sich seine Diener an ihn heran, redeten mit ihm und sprachen: Lieber Vater, wenn dir der Prophet etwas Großes geboten hätte, hättest du es nicht getan? Wie viel mehr, wenn er zu dir sagt: Wasche dich, so wirst du rein! Da stieg er ab und tauchte unter im Jordan siebenmal, wie der Mann Gottes geboten hatte. Und sein Fleisch wurde wieder heil wie das Fleisch eines jungen Knaben und er wurde rein. Und er kehrte zurück zu dem Mann Gottes mit allen seinen Leuten. Und als er hinkam, trat er vor ihn und sprach: Siehe, nun weiß ich, dass kein Gott ist in allen Landen, außer in Israel; so nimm nun eine Segensgabe von deinem Knecht.[98]

Gnade sei mit uns und Friede von Gott unserem Vater und unserem Herrn Jesus Christus. Amen.

Liebe Schwestern, (lieber Bruder / liebe Brüder?)!

Eben haben wir die Geschichte von Naaman gehört. Eine sehr lange Geschichte. Auf den ersten Blick wird nicht einmal klar, was diese lange Geschichte überhaupt mit unserem Thema zu tun hat: „Lasst uns Licht sein!“ Was hat ein aramäischer Feldhauptmann des Königs mit dem Weltgebetstag der Frauen zum Thema „Licht“ zu schaffen? Wir erfahren viel über diesen Mann: Zuerst seinen Namen: „Naaman“. Dann seinen Beruf: „Feldhauptmann des Königs von Aram“. Anschließend etwas über seinen Ruf: „Er war ein trefflicher Mann vor seinem Herrn - und wert gehalten“. Auch die Begründung für sein hohes Ansehen wird mitgeliefert: „durch ihn gab der Herr den Aramäern Sieg.“ Sogar über seine äußere Erscheinung erhalten wir Auskunft: „er war ein gewaltiger Mann“. Wir könnten ihn geradewegs für einen antiken Hel-

[98] Lutherbibel, revidierter Text 1984, durchgesehene Ausgabe, © 1999 Deutsche Bibelgesellschaft, Stuttgart.

den halten, so, wie er uns geschildert wird. Wäre da nicht dieser eine Satz, der nämlich, der die Krankheit Naamans beschreibt: „er war jedoch aussätzig“. In dieser Situation kann dem tapferen Kriegshelden niemand weiterhelfen. Mit seiner Krankheit steht der Mann, trotz seines hohen Ansehens, ganz alleine da. Vielleicht hält unser Held seine Krankheit auch so gut verborgen, dass sie niemandem auffällt. Mag sein, unser Kriegsmann hat eine so hohe, isolierte Position, dass sein Aussatz von allen Untergebenen unerkannt bleibt. Äußerste Geheimhaltung ist angesagt. Nur einer bleibt natürlich die Krankheit nicht verborgen: das ist die Frau Naamans. Ihr Name ist in unserer Geschichte nicht mit überliefert. Sie weiß sich keinen Rat. Vielleicht leidet sie mit unter der Krankheit ihres Mannes, darf aber kein Wort nach außen verlieren, um ihn in seiner Stellung nicht zu schädigen. Mag sein, sie vertraut sich ihrer Dienerin an: einem jungen Mädchen, welches die aramäischen Kriegsleute aus Israel als Beute entführt hatten. Wer würde ihr schon Glauben schenken, einer minderjährigen, ausländischen Haussklavin? Auch dieses junge israelische Mädchen bleibt in unserer Geschichte namenlos. Doch äußert sie ihrer Herrin gegenüber zwei Sätze, die größte Auswirkungen haben: „Ach, dass mein Herr wäre bei dem Propheten in Samaria! Der könnte ihn von seinem Aussatz befreien!" Es klingt mehr wie ein Stoßgebet, denn ein ernst gemeinter Ratschlag. Dennoch: die Frau Naamans wird ihrem Gatten schleunigst diesen Rat mitgeteilt haben. Naaman geht zu seinem Herrn, dem König von Aram, und berichtet ihm davon. Der König von Aram schickt dem König von Israel durch Naaman einen Brief mit der Bitte, ihn von seinem Aussatz zu befreien. Der König von Israel liest den Brief und fasst ihn als Kriegserklärung auf: „Bin ich denn Gott, dass ich töten und lebendig machen könnte? Merkt und seht, wie er Streit sucht!“ Somit hat das Stoßgebet des namenlosen jungen Mädchens fast zu einem Länderkrieg geführt! Tatsächlich hat die Äußerung des Mädchens aus Israel zwei Könige aus zwei befeindeten Ländern zu einem Briefkontakt bewegt. Nun kommt Elisa ins Spiel, Prophet bzw. Mann Gottes von Beruf. Er lässt zum König von Israel senden und ihm sagen, Naaman solle zu ihm kommen, „damit er innewerde, dass ein Prophet in Israel ist". Naaman fährt mit Rossen und Wagen vor Elisas Haustür vor, wie es sich für einen königlichen Feldhauptmann schickt. Elisa sendet einen Boten und läßt Naaman sagen, er solle sich siebenmal im Jordan waschen. Naaman wird zornig und zieht weiter. Er ist in seiner Eitelkeit gekränkt, dass der Prophet nicht selbst zu ihm herausgekommen ist. Er ist enttäuscht, dass er nicht augenblicklich von seinem Aussatz befreit wurde. Sein Landesstolz wurde verletzt, da er die Flüsse von Damaskus, Abana und Parpar, für besser hält als den Fluss Israels, den Jordan. Nur seine Diener wagen sich in Naamans Zorn an ihn heran und vermögen, ihn dazu zu bewegen, sich herabzulassen: „Lieber Vater, wenn dir der Prophet etwas Großes geboten hätte, hättest du es nicht getan?" Naaman steigt herab, taucht siebenmal im Jordan unter und sein Fleisch wird heil „wie das Fleisch eines jungen Knaben", „und er wurde rein". Zwei Dinge möchte ich an dieser langen Geschichte hervorheben: 1) Zuerst: im Zusammenhang mit unserem Weltgebetstag, dem sogenannten Weltgebetstag der Frauen: es ist eine Frau bzw. ein junges Mädchen, welches in unserer Geschichte die Wende markiert: die Wende von der Krankheit des Aussatzes zur Heilung und Reinigung. Ohne dieses junge, israelische Mädchen und ihr Wissen um die Fähigkeit des Propheten in Samaria, wäre Naaman vielleicht beruflich weiterbefördert, niemals aber von seinem Aussatz geheilt worden. 2) Weiterhin: im Zusammenhang mit dem Thema unseres Weltgebetstages: „Licht" bzw. „Lasst uns Licht sein": Aus dem Epheserbrief haben wir gehört (Epheser 5,10-14a):

Prüft, was dem Herrn wohlgefällig ist, und habt nicht Gemeinschaft mit den unfruchtbaren Werken der Finsternis; deckt sie vielmehr auf. Denn was von ihnen heimlich getan wird, davon auch nur zu reden ist schändlich. Das alles aber wird offenbar, wenn´s vom Licht aufgedeckt wird; denn alles, was offenbar wird, das ist Licht.[99]

Das namenlose, israelische Mädchen kannte die Tabus der Aramäer nicht. Es sprach ahnungslos aus, was für alle anderen eben ein Tabu war: „Mein Herr hat Aussatz!" Sie nannte beim Namen, was für andere unaussprechbar war. Sie deckte auf, was heimlich war. Sie brachte ans Licht, was im Finstern lag: Die Krankheit ihres Herrn. Erst dadurch ermöglichte sie die Heilung Naamans mit. Genauso brachte Elisa den Hochmut Naamans zu Tage, ans Tageslicht: Sein Denken in Hierarchien wurde aufgebrochen. Doch dazu mußte sich Naaman buchstäblich erst herablassen von seinem hohen Ross. Er musste sich nicht nur waschen, sondern wahrhaft untertauchen, im Fluss Israels, dem Jordan, sich quasi tauchen bzw. taufen lassen, um heil und rein zu werden. „Denn alles, was offenbar wird, das ist Licht!"

Und der Friede Gottes, der höher ist als all unsere menschliche Vernunft, bewahre unsere Herzen und Sinne in Christus Jesus. Amen.

(3) Epheser 4,1-7.11-16 / Genesis 18,1-15 [100]

Weltgebetstag der Frauen zum Thema: „Unter Gottes Zelt vereint."

Wir hören aus dem Brief an die Gemeinde in Ephesus (Epheser 4,1-7.11-16). Er beruft sich auf den Apostel Paulus:

Ich, der ich um des Herrn willen im Gefängnis bin, ermahne euch, ein Leben zu führen, das des Rufes würdig ist, der an euch erging. Seid demütig, fried-

[99] Lutherbibel, revidierter Text 1984, durchgesehene Ausgabe, © 1999 Deutsche Bibelgesellschaft, Stuttgart.
[100] (02.03.2007)

fertig und geduldig, ertragt einander in Liebe und bemüht euch, die Einheit des Geistes zu wahren durch den Frieden, der euch zusammenhält. Ein Leib und ein Geist, wie euch durch eure Berufung auch eine gemeinsame Hoffnung gegeben ist; ein Herr, ein Glaube, eine Taufe, ein Gott und Vater aller, der über allem und durch alle und in allem ist. Aber jede und jeder von uns empfing die Gnade in dem Maß, wie Christus sie geschenkt hat. Den einen gab er das Apostelamt, andere setzte er als Prophetinnen und Propheten ein, andere als Evangelisten, andere als Hirten und Lehrerinnen, um die Heiligen für die Erfüllung ihres Dienstes zu rüsten, für den Aufbau des Leibes Christi. So sollen wir alle zur Einheit im Glauben und in der Erkenntnis des Sohnes Gottes gelangen, damit wir zum vollkommenenen Menschen werden und Christus in seiner vollendeten Gestalt darstellen. Wir sollen nicht mehr unmündige Kinder sein, ein Spiel der Wellen, hin und her getrieben von jedem Widerstreit der Meinungen, dem Betrug der Menschen ausgeliefert, der Verschlagenheit, die in die Irre führt. Wir wollen uns, von der Liebe geleitet, an die Wahrheit halten und in allem wachsen, bis wir ihn erreicht haben. Er, Christus, ist Haupt. Durch ihn wird der ganze Leib zusammengefügt und gefestigt in jedem einzelnen Gelenk. Jedes trägt mit der Kraft, die ihm zugemessen ist. So wächst der Leib und wird in Liebe aufgebaut. Amen.[101]

Ich lese aus dem Buch Genesis 18, die Verse 1 bis 15 (aus dem Hebräischen verdeutscht von Martin Buber und Franz Rosenzweig):

ER [Gott] ließ von ihm [Abraham] an den Steineichen Mamres sich sehen, als er [Abraham] bei der Hitze des Tages im Einlass des Zeltes saß. Er hob seine Augen, sah: da, drei Männer, aufrecht über ihm. Er sah, lief vom Einlass des Zelts ihnen entgegen und neigte sich zur Erde und sprach: Mein Herr, möchte ich doch Gunst in deinen Augen gefunden haben, schreite an deinem

---

[101] Einheitsübersetzung der Heiligen Schrift
© 1980 Katholische Bibelanstalt, Stuttgart.

Knecht doch nimmer vorüber! Es werde doch ein wenig Wasser geholt, dann badet eure Füße und lehnet unter dem Baum, ich hole einen Bissen Brot, ihr labt euer Herz, danach mögt ihr weiter schreiten. Warum sonst wärt ihr bei euerm Knecht vorüber geschritten! Sie sprachen: Tu so, wie du geredet hast. Abraham eilte ins Zelt zu Sara und sprach: Eil dich! Drei Maß Mehl, feines! Knete, mache Kuchen! Und zu den Rindern lief Abraham, holte ein Jungrind, zart und gut, und gabs dem Knaben, dass ers eilends zurechtmache. Dann holte er Sahne und Milch und das Jungrind, das er hatte zurechtmachen lassen, und gab es vor sie. Er aber stand unter dem Baum, während sie aßen. Sie sprachen zu ihm: Wo ist Sara dein Weib? Er sprach: Da im Zelt. Nun sprach ER: Kehren, kehren will ich zu dir, wann die lebensspendende Zeit ist, da hat Sara dein Weib einen Sohn. Sara aber horchte am Einlass des Zelts, der war hinter ihm. Abraham und Sara waren alt, hochgekommen in die Tage, aufgehört hatte es Sara zu gehen nach der Art der Weiber. Sara lachte in sich hinein, sprechend: Nachdem ich zermorscht bin, würde mir Üppigkeit? Und auch mein Herr ist alt. ER aber sprach zu Abraham: Warum lacht Sara und spricht: Soll ich wahrhaftig gebären, und ich bin doch alt! Ist IHM ein Ding entrückt? Zur Frist kehre ich zu dir, wann die lebensspendende Zeit ist, und Sara hat einen Sohn. Sara leugnete, sprechend: Ich habe nicht gelacht. Denn sie fürchtete sich. ER aber sprach: Nein, wohl hast du gelacht.[102]

Liebe Schwestern (und Brüder) in Christus!

Wir haben die Geschichte von Sara gehört. Schon 90-jährig verheißt ihr Gott einen Sohn. Wer von uns hätte da nicht gelacht? Bei einer so menschenunmöglichen Aussage. Der Mann schon an die 100 Jahre alt, niemals nie ein Kind in Sicht – und dann so etwas? Die Wechseljahre bereits hinter sich gelassen, schon alt und verbraucht, wie es in der Hebräischen Bibel heißt. Sara

---

[102] Martin Buber, Die Schrift

musste lachen, als sie hörte, welche unglaublichen Worte Gott zu Abraham sprach. Sie lauschte den Worten Gottes, wissend um die Unmöglichkeit der göttlichen Verheißung. Sie lachte zwar bloß in sich hinein, konnte jedoch dieses stille Insichhineinlachen nicht vor Gott verborgen halten. Sie stritt ab, je gelacht zu haben, leugnete ihren Unglauben, da sie es mit der Angst zu tun bekam. Und doch musste sie erfahren, dass Gottes Verheißung wahr wurde. Abraham wurden Nachkommen verheißen, so zahlreich wie die Sterne am Himmel. Der lachenden Sara schenkte Gott einen Sohn: Isaak – Gott lacht und ist gnädig. Gott hält seine Versprechen. Nicht nur in den Tagen von Sara und Abraham, auch in unserer Zeit. Als Nachfahren des Ahnenpaares, als Töchter und Söhne von Sara und Abraham, nehmen wir Teil an der Erfüllung der Verheißungen Gottes. Unsere Sehnsüchte, so unsinnig sie auch erscheinen mögen und so tief wir sie auch verborgen halten, nimmt Gott wahr. Gott erhört unsere Bitten, auch dann, wenn wir sie nur in uns hinein denken oder wünschen. Wir brauchen uns nicht beirren lassen durch betrügerische Meinungen, wir sollen uns nicht unmündig hin und her treiben lassen, wie es im Epheserbrief heißt. Wir sollen mündig werden und auf unser Ziel hin wachsen, zu dem uns Gott bestimmt und berufen hat. Wir sollen gefestigt sein und uns zusammenfügen lassen zu dem vollkommenen Menschen, zur Vollendung der Gestalt Christi. Zur Auferbauung des Leibes Christi sind wir aufgerufen, zur Einheit im Glauben – über alle Trennungen, Grenzen und Mauern hinweg. So, wie wir es heute, an diesem Tage, auf der ganzen Erde mit Frauen aller Nationen, Kulturen und Sprachen, gemeinsam „als Vorahnung“ feiern. Wir, die wir alle unter dem einen Himmel leben, den Gott, wie ein Zelt über uns ausgebreitet hat. Unter dem Himmel, unter dem Gott uns birgt, wie unter einem Mantel. Und die Erinnerung daran, ein Teil dieses Leibes Christi zu sein und diesen Leib nach je zugemessener Kraft mitzutragen, nehmen wir mit hinaus und hinein in unseren Alltag, in unser Leben, in unsere Familie. Fühlen wir uns manchmal auch klein und unbedeutend, so wie ein Loch in einer Tischdecke, so bilden wir doch, gemeinsam mit anderen, ein gemeinsames Ganzes, schön gewoben wie die Nanduti-Spitze der Frauen aus Paraguay.

Amen.

(4) Jesaja 32,20[103]

Ansprache anlässlich der Einweihung des Dorfplatzes am B.er Esel:

Liebe B.er und B.erinnen!

Im Namen der Evangelischen Kirchengemeinde D., - insbesondere aber im Namen des Bezirkes B. rund um die hiesige Evangelische V.-kirche – möchte ich Sie zu Ihrem vollendeten Dorfplatz als dem neuen Orts-Mittelpunkt beglückwünschen. Das Wahrzeichen von B. ist nicht nur der „weit und breit schönste [katholische] Kirchturm“, der dem Logo „Wir B.er sind Spitze“ auf die Sprünge half, sondern vielmehr und insbesondere der „konfessionsübergreifende“ Esel, weshalb man am Ortsein- bzw. Ausgang begrüßt und verabschiedet wird mit dem Strassenschild: „Willkommen im `Eseldorf´ B.“. Jedem B.er wird es bekannt und vertraut sein, dass es – legendenartig – folgende Erklärung zum B.er Esel-Wahrzeichen gibt: Früher – wie alle guten alten Geschichten beginnen – war das Leben in B. geprägt durch harte landwirtschaftliche Arbeit auf schlechtem Ackerboden. Die B.er waren eine ärmliche Landbevölkerung. Ihre Waren brachten sie zum Verkauf auf die Märkte der Umgebung. Da ihr einziges Transportmittel die nicht gerade flotten, sondern störrischen Esel waren, kamen sie entsprechend oft verspätet auf den Märkten an. So prägte sich das Sprichwort, dass die Leute immer wieder „auf die B.er Esel“ warten mussten. Doch sie warteten gern. In der Bibel ist der

[103] (03.06.2007)

Esel ein nicht unwesentliches Tier: Am bekanntesten dürfte Ihnen die in den Evangelien geschilderte Szenerie sein, in der Jesus auf einem Esel in Jerusalem Einzug hält und die Menge ihm das Hosianna entgegenjubelt und seinen Weg mit Palmzweigen bereitet. Doch bereits im Alten Testament werden die Esel erwähnt, wenngleich auch nicht die B.er. So heißt es beim Propheten Jesaja (Kapitel 32, Vers 20):

Wohl euch, die ihr säen könnt an allen Wassern und könnt die Rinder und Esel frei gehen lassen.[104]

Wenn auch der B.er Esel in den vergangenen Wochen und Monaten hinter Gittern eingesperrt sein musste und dem Geschehen um ihn herum gleich einem gefangenen Zoo-Tier bewohnte, so darf er nun wieder „frei“ sein - wenn auch nicht umher gehen - und Zeuge des neuen geselligen Treibens im neu renovierten B. sein. Möge der neu errichtete Kreisverkehr dazu beitragen, dass sich weniger Autounfälle an der B xy ereignen, die Durchfahrt reibungsloser und ohne Stau verlaufen kann und B. ein charakterlich-rundes Zentrum im Herzen des Ortes verliehen werden mag.

Amen.

(5) Matthäus 13,31f. / Markus 4,30f. / Lukas 13,18f.[105]

Ökumenischer Abitur-Abschluss-Gottesdienst.

Ich lese das Gleichnis vom Senfkorn in unterschiedlichen Fassungen der Evangelien, beginnend mit Matthäus 13, die Verse 31 und 32:

---

[104] Lutherbibel, revidierter Text 1984, durchgesehene Ausgabe, © 1999 Deutsche Bibelgesellschaft, Stuttgart.
[105] (15.06.2007)

Ein anderes Gleichnis legte er ihnen vor und sprach: Das Himmelreich gleicht einem Senfkorn, das ein Mensch nahm und auf seinen Acker säte; das ist das kleinste unter allen Samenkörnern; wenn es aber gewachsen ist, so ist es größer als alle Kräuter und wir ein Baum, sodass die Vögel unter dem Himmel kommen und wohnen in seinen Zweigen.[106]

Bei Markus, Kapitel 4, die Verse 30 und 31 heißt es:

Und er sprach: Womit wollen wir das Reich Gottes vergleichen, und durch welches Gleichnis wollen wir es abbilden? Es ist wie ein Senfkorn: wenn das gesät wird aufs Land, so ist´s das kleinste unter allen Samenkörnern auf Erden; und wenn es gesät ist, so geht es auf und wird größer als alle Kräuter und treibt große Zweige, sodass die Vögel unter dem Himmel unter seinem Schatten wohnen können.[107]

In Lukas 13, die Verse 18 und 19 lesen wir:

Er aber sprach: Wem gleicht das Reich Gottes, und womit soll ich´s vergleichen? Es gleicht einem Senfkorn, das ein Mensch nahm und in seinen Garten säte; und es wuchs und wurde ein Baum, und die Vögel des Himmels wohnten in seinen Zweigen.[108]

Liebe Abitur-Abschluss-Gemeinde.

In Jesu Gleichnissen wird viel „gesät“:

---

[106] Lutherbibel, revidierter Text 1984, durchgesehene Ausgabe, © 1999 Deutsche Bibelgesellschaft, Stuttgart.
[107] Lutherbibel, revidierter Text 1984, durchgesehene Ausgabe, © 1999 Deutsche Bibelgesellschaft, Stuttgart.
[108] Lutherbibel, revidierter Text 1984, durchgesehene Ausgabe, © 1999 Deutsche Bibelgesellschaft, Stuttgart.

I. Zunächst gibt es das Gleichnis vom Sämann, der aussät und einiges wird von den Vögeln gefressen, anderes verdorrt in der Sonne, wiederum anderes wird von den Dornen erstickt, nur letzteres fällt auf gutes Land und trägt Frucht.

II. Zudem gibt es das Gleichnis vom Unkraut unter dem Weizen, in welchem das Himmelreich einem Menschen gleicht, der guten Samen sät und dem der Feind Unkraut zwischen den Weizen sät. Doch anstatt das Unkraut auszujäten, lässt er beides bis zur Erntezeit wachsen, dann das Unkraut bündeln, um es zu verbrennen, jedoch den Weizen in seiner Scheune sammeln.

III. Schließlich gibt es noch das Gleichnis vom Senfkorn, das, indem es auf den Acker gesät wird, dem Himmelreich gleicht. Zunächst ist es das kleinste unter allen Samenkörnern und fällt innerhalb des Saatgutes nicht weiter auf. Erst wenn es gewachsen ist, kann es inmitten der übrigen Kräuter erkannt werden, da es über diese hinaus zu einem Baum heranwächst. Schlussendlich wird es sogar so groß, dass die Vögel von weitem herkommen, um in seinen Zweigen zu wohnen und zu nisten.

Liebe Abiturientinnen und Abiturienten.

Eure Schulzeit neigt sich nun rapide dem Ende zu. An euch wurde Vieles heran getragen, gleich mehrere haben versucht, euren „Acker“ zu bestellen, zu besäen, zu jäten, umzugraben, abzuernten. Nun wollt ihr den Abschluss dieser Säereien feierlich begehen unter dem Motto „ABIda de Coco – let´s relax.“ Am liebsten wollt ihr am Strand abhängen, mit einem eisgekühlten Batida in der Hängematte „ab-chillen“. Nun denn. Anlass zum Feiern gibt´s genug: dreizehn lange Schuljahre liegen hinter euch. Viel Lernerei, Paukerei, Prüfungsstress, Aufregung, Angst und Bangen. Und vieles liegt hoffentlich noch vor euch. Andere werden kommen und eventuell Unkraut säen. Manches wird sich noch auf eurem „Stück Land“ tun. Erst im Laufe der Zeit bekommt ihr einen Blick dafür, was sich so alles auf eurem Ackerboden tummelt und herum-„treibt“, vielleicht auch zur Blüte kommt. Mit dem Abitur habt ihr nun die sogenannte „Hoch-Schul-Reife“ erlangt. Möge sie euch nicht nur ein Eintrittsbillet zur Uni sein, sondern eine Erinnerung daran, dass es zum weiteren Leben, zum Besuch der eigentlich „Hohen Schule“ eben tatsächlich auch der Reife bedarf! So, wie Früchte erst reifen müssen (Kokosnüsse übrigens ebenso), bevor sie geerntet werden können, soll und darf auch euer Leben zur Reife gelangen. Und wer beunruhigt darüber ist, dass sein Saatgut nur aus kleinen Kräutersamen zu bestehen scheint, der möge sich trösten lassen durch das soeben vorgetragene Gleichnis Jesu: Das kleinste und unscheinbarste Senf-Korn, welches man ob seiner offensichtlich geringen Größe beinahe zertreten hätte, wächst zu einer übermäßigen Größe heran. Das kleine Senfkorn „hat´s in sich“! Alles, was einmal aus ihm werden soll, ist bereits in diesem „so kleinen“ Kügelchen enthalten. Es braucht sich bloß noch aussäen zu lassen, der Rest geschieht quasi „wie von selbst“ (automatä). Vertraut euch dem Wachstum und der Reife an – werdet zu dem, was ihr seid und sein sollt.

Und der Friede Gottes, welcher höher ist als all´ unsere menschliche Vernunft, bewahre eure Herzen und Sinne in Christus Jesus. Amen.

(6) Matthäus 16,26[109]

„A.“-Andacht im Gemeindebrief:

Jesus Christus spricht (Matthäus 16,26):

109 (22.06.2007)

Was hülfe es dem Menschen, wenn er die ganze Welt gewönne und nähme doch Schaden an seiner Seele? Oder was kann der Mensch geben, womit er seine Seele auslöse?[110]

Liebe Gemeinde!

Die Antworten auf die oben genannten Fragen stehen schon fest: Nichts! Nichts hülfe es dem Menschen, wenn er die ganze Welt gewönne und nähme doch Schaden an seiner Seele! Nichts kann der Mensch geben, um damit seine Seele auszulösen! Mit diesen scheinbar offenen, in Wirklichkeit doch schon längst beantworteten Fragen betont Jesus den unüberbietbaren Wert der menschlichen Seele, der „Psyche", ja, des gesamten menschlichen Lebens und Daseins. Nicht einmal die ganze Welt, der gesamte Kosmos ist es wert, der Seele einen Schaden zufügen zu lassen, das Leben zu beschädigen. Würde man die Welt in die Waagschale werfen, so würde sie, im Vergleich zur Seele, doch kaum ins Gewicht fallen. So viel Wert misst Jesus unserer Seele bei - so wichtig und wertvoll ist unser Leben nach den Maßstäben Gottes! Nichts auf der Welt ist imstande, eingebüßtes Leben ein- oder gar umzutauschen! So sehr sind wir aufgefordert, auf das uns anvertraute Leben achtzugeben; zu wahrhaft verantwortungsvoller Seel-Sorge. Jedoch nicht im Sinne ängstlicher Selbst-Verschonung im Rückzug vor dem Leben, sondern gemäß Jesu Aufruf zu konsequenter Lebens-Nachfolge (Matthäus 16,24f.):

[...] Will mir jemand nachfolgen, der verleugne sich selbst und nehme sein Kreuz auf sich und folge mir. Denn wer sein Leben erhalten will, der wird´s verlieren; wer aber sein Leben verliert um meinetwillen, der wird´s finden.[111]

---

[110] Lutherbibel, revidierter Text 1984, durchgesehene Ausgabe, © 1999 Deutsche Bibelgesellschaft, Stuttgart.
[111] Lutherbibel, revidierter Text 1984, durchgesehene Ausgabe, © 1999 Deutsche Bibelgesellschaft, Stuttgart.

Wer sich selbst retten will, dem wird das Leben zwischen den Fingern entgleiten. Wem aber das Leben, um Christi willen abhanden kommt, der wird es erst entdecken können. Hüten Sie sich davor, Ihr Dasein häppchenweise zur „Welt-Eroberung“ abzutreten, büßen Sie Ihre Seele nicht verkaufsweise ein, ihr Leben ist nicht umtauschbar!

Herzlich grüßt Sie Ihre Pfarrerin z.A. S. G.

MIX
Papier aus verantwortungsvollen Quellen
Paper from responsible sources
FSC® C105338

Printed by Books on Demand GmbH, Norderstedt / Germany